耕读文库

法治民生系列丛书
中国劳动保障科学研究院

民生之本

就　业

张新民　张照新◎总主编
孙树志◎主编　周建文◎编著

中国民主法制出版社
2016年 · 北京

图书在版编目 (CIP) 数据

民生之本：就业 / 周建文编著．— 北京：中国民主法制出版社，2016.1
（法治民生系列丛书 / 张新民，张照新总主编）
ISBN 978-7-5162-1090-1

I. ①民… II. ①周… III. ①就业 - 研究 - 中国
IV. ① D669.2

中国版本图书馆 CIP 数据核字 (2015) 第 322552 号

图书出品人 / 刘海涛
出 版 统 筹 / 赵卜慧
责 任 编 辑 / 刘春雨

书名 / 民生之本：就业
作者 / 周建文　编著

出版 · 发行 / 中国民主法制出版社
地址 / 北京市丰台区右安门外玉林里 7 号（100069）
电话 / 010-63292534　63057714（发行中心）　63055259（总编室）
传真 / 010-63292534
Http: //www.npcpub.com
E-mail: mzfz@npcpub.com
经销 / 新华书店
开本 / 32 开　889 毫米 ×1194 毫米
印张 / 6.125
字数 / 124 千字
版本 / 2016 年 7 月第 1 版　　2016 年 7 月第 1 次印刷
印刷 / 三河市航远印刷有限公司

书号 / ISBN 978-7-5162-1090-1
定价 / 18.00 元

序

所谓民生，是指民众的基本生存和生活状态，以及民众的基本发展机会、基本发展能力和基本权益保护的状况。也可以说，民生就是与实现民众的生存权利和发展权利有关的全部需求。所谓改善民生，就是促进民众的就业，增加民众的收入，增进民众的福祉，让民众有幸福感和获得感。

习近平总书记多次提到，实现好、维护好、发展好最广大人民根本利益是发展的根本目的，必须把增进人民福祉、促进人的全面发展作为发展的出发点和落脚点。

到2020年全面建成小康社会，是我们党确定的“两个一百年”奋斗目标的第一个百年奋斗目标，也是我们党作出的庄严承诺。党的十八届五中全会对全面建成小康社会决胜阶段目标任务作出了全面部署，提出了新的要求。当前，距离实现“第一个百年目标”的时间节点只有五年时间。这意味着，“十三五”期间，就是冲刺收官阶段。

当前，改善民生、增进人民福祉，有很多的事情要做：加快教育、就业、收入分配、社保、医疗卫生、食品安全等民生领域工作步伐，让民众能更多、更公平、更实在地共享改革发展成果；加快集约、高效、安全、持续的“农业现代化”建设步伐，让农民尽快富起来；按照精准扶贫、精准脱贫要求，用一套政策组合拳，确保在既定时间节点打赢扶贫开发攻坚战；扎实推进生态环境保护和生态文明建设，让良好生态环境成为人民生活质量的增长点，成为展现我国良好形象的发力点。

上述这些事情，也是民众，无论是城里人，还是农村人，最为关切的。为什么呢？这是因为，教育是改变民众自身和家庭命运最有效的途径和最广阔的平台，所以，为了改变命运，他们需要教育；就业是民生之本，对于民众来说，不能就业，生计就会出现问题；收入分配是社会公平公正的标杆，干活不给钱或少给钱，都会影响民心、影响生产、影响社会稳定；社保是解除民众顾虑之依托，有了社保，百姓就被装进“保险箱”，没有社保，生老病死、伤残、失业等后顾之忧就无法解除；医疗卫生、食品安全，也都是民众关心的热门问题，特别是随着人民生活水平的提高，其受关注的程度也越来越高；农业现代化是农民致富的源泉；精准扶贫是贫困群众摆脱贫穷的唯一途径；民众谁都不愿意长期生活在雾霾之中，须关心建设生态文明。

应该说，党和政府非常重视民生工作，出台了一系列法律法规和政策措施。但民生领域的多样性，导致现实生活中民生问题依然很多，民众在民生维权的道路上依然充满荆棘和曲折。长期以来，我国教育投入不足、农村义务教育落后、农民工子弟上学难，这些问题让农民家长们发愁，让农村孩子们不能无忧无虑地读书。目前我国仍处于劳动关系矛盾高发期和凸显期。劳动者，特别是农民在现实中权益受损害的现象较为普遍。一些企业特别是私营、个体企业不与职工签订劳动合同的现象比较普遍，劳动合同短期化、难续签的问题比较突出，一些企业还存在随意变更、解除和终止劳动合同的现象。一些企业侵犯职工的劳动报酬权，任意克扣和拖欠职工工资，侵犯职工的休息休假权，任意加班加点，延长工作时间，且不依法支付加班工资。一些企业不依法参加社会保险，逃避或少缴社会保险费，侵犯职工社会保险权益。一些企业不按规定为劳动者提供必要的劳动保护条件，劳动环境和工作条件恶劣，职业危害和安全事故时有发生。在医疗卫生方面，看病难、看病贵等问题严重影响人民的身体健康；在食品安全方面，假冒伪劣和有毒有害食品时刻威胁着民众的生命安全；生态环境每况愈下，雾霾警报不断升级，时刻刺激民众的神经。

如何引导民众共享民生发展成果？首先应该让他们学会依法维护自己的民生权益。党的十八届四中全会后，依法治国已上升到治国理政的国策地位。民众维护自己的权益，应该依法进行。但民生问题包括的范围广，涉及的内容多，政策性极强，而新政策又源源不断出台。民生领域的许多法律政策内行人尚且是雾里看花，外行人就更加难懂。为更好地帮助广大读者全面了解民生领域各项法律法规和政策措施，让广大民众更多地了解相关法律政策，更好地维护自身的合法权益，中国民主法制出版社与人力资源和社会保障部、农业部相关部门合作，就劳动保障和农业中涉及的有关民生问题，组织长期在劳动保障和农业部门工作的专业人员和理论工作者，编写了一套法治民生系列丛书。该丛书共18种。具体包括《民生之本：就业》《职业通衢：职业技能开发与培训》《体面劳动：和谐劳动关系》《劳有所得：企业工资分配》《和谐有方：劳动争议调解仲裁》《维权立盾：劳动保障监察》《老有所养：养老保险》《病有所医：医疗保险》《失有所助：失业保险》《伤有所救：工伤保险》《助益养老：企业年金》《控险之网：社会保险基金监督》《幸福之源：农民增收致富》《合作共赢：农民专业合作社》《困有所助：农村减贫》《自力之路：培育新型农业规模经营主体》《民以食为天：粮食生产与粮食安全》《居有其所：美丽乡村建设》等。

本丛书的最突出特点，一是全面系统。丛书基本涵盖了劳动保障和农业工作中民生方面现行的主要法律法规和政策，同时还介绍了相关基本知识和业务流程。二是针对性和操作性强。丛书采取问题解答式的写作方式，一问一答。问题基本都是实践中遇到的，所有解答既以法律政策为依据，又参考了地方实践经验。三是通俗易懂。作为普及性的读物，丛书力求以通俗易懂的语言解答人们普遍关心的劳动保障和农业领域热点难点民生问题。四是适用性广。丛书的适用人群就是广大关心自己民生权益，希望保护自己权益的劳动者，特别是那些民生权益正在受到损害或曾经受到损害的劳动者。丛书也可以满足从事劳动保障和农业业务的干部职工，帮助他们学习掌握基础理论知识、提升业务工作能力。同时，丛书还为那些关心劳动保障和农业事业的其他部门工作人员、理论工作者、在校学生等广大读者提供了一个全面了解劳动保障和农业相关业务及政策的窗口。希望本丛书能够满足广大读者的需要。

张新民

2016年5月

目 录

第一编 就业的基本问题

什么是就业？ 002
为什么说就业是民生之本？ 002
什么叫就业优先战略？ 003
为什么要确立就业优先发展的战略？ 004
什么是更高质量的就业？ 005
什么是公平就业？ 006
什么是失业？ 008
失业有几种类型？ 008
什么是摩擦性失业？ 009
什么是季节性失业？ 009
什么是技术性失业？ 009
什么是结构性失业？ 010
什么是周期性失业？ 010
什么是自愿性失业？ 011
什么是非自愿性失业？ 011
什么叫失业率？ 011
什么是城镇登记失业率？ 012
什么是适度失业率？ 012
什么是自然失业率？ 012
什么是再就业？ 013

经济增长和就业岗位增加有什么关系？ 013
什么是就业弹性？ 014
什么是就业结构？ 014
什么是劳动力市场？ 014
什么是积极的劳动力市场政策？ 015
什么是劳动力市场工资指导价位？ 016
什么是刘易斯拐点？ 016
什么是奥肯定律？ 017
什么是人口红利？ 017

第二编　政府促进就业责任

什么是积极就业政策？ 020
我国积极就业政策主要包括哪些内容？ 020
各级人民政府在促进就业方面负有什么职责？ 022
为什么要将解决就业问题纳入宏观经济决策？ 023
如何搞好就业的宏观调控？ 024
什么是失业调控？ 025
为什么要进行失业调控？ 026
我国失业调控的主要目标是什么？ 026
什么是失业预警？ 027
如何建立失业预警机制？ 027
如何规范企业裁员行为？ 028
如何认识当前的就业形势？ 029
我国促进就业工作的基本原则是什么？ 030
我国就业工作的目标是什么？ 031
新时期就业工作的基本方针是什么？ 032
政府促进就业的含义是什么？
　如何发挥政府促进就业的作用？ 032
市场调节就业的含义是什么？ 033

劳动者自主择业的含义是什么？ 033
什么是就业工作部际联席会议制度？ 034
就业工作部际联席会议由哪些单位组成？ 034
就业工作部际联席会议议事规则是什么？ 035

第三编　开发与拓展就业岗位

什么是开发就业岗位？ 038
什么是净增就业岗位？ 038
我国重点开辟的就业门路有哪些？ 038
什么是劳动密集型产业？ 039
发展劳动密集型产业对解决我国就业问题有什么作用？ 040
为什么要大力发展中小企业？ 040
什么是民营经济？ 041
为什么要大力发展民营经济？ 041
什么是第三产业？ 042
我国为什么要大力发展第三产业？ 042
为什么说发展第三产业可以缓解我国就业难题？ 043
我国发展第三产业的重点是什么？ 044
为什么要把社区服务业作为再就业的主攻方向？ 044
如何多渠道开发社区就业岗位？ 045
什么是家政服务？ 046
我国家政服务基本原则和发展目标是什么？ 047
如何统筹规划家政服务业发展？ 048
发展家政服务业有哪些扶持政策？ 050
如何规范家政服务业市场秩序？ 052
什么是劳务协作？ 053
什么是劳务输出？ 053
什么是劳务派遣？ 054

劳务派遣在促进就业方面有什么作用？ 055
什么是“退二进一”？ 056
什么是企业、行业间的劳动力余缺调剂？ 056
什么是企业内部退养？ 057
什么是组织起来就业？ 057
什么是自谋职业？ 058
什么是灵活就业？ 059
什么是弹性就业？ 059
什么是隐性就业？ 059
什么是非正规就业？ 060
什么是阶段性就业？ 060
什么是缩短工时？ 061
什么是部分工作时间制？ 061
什么是临时性工作？ 061

第四编　创业带动就业

什么是创业？ 064
实施创业带动就业工作有何意义？ 064
以创业带动就业的工作原则是什么？ 064
创业的重点领域和主体是什么？ 065
在市场准入方面对创业有哪些优惠政策？ 065
在行政性收费方面对创业有哪些扶持政策？ 065
自主创业可以享受哪些金融方面的优惠政策？ 066
自主创业申请小额担保贷款额度是多少？贷款期限有多长？ 067
哪些项目属于微利项目？ 067
什么是创业培训？ 067
参加创业培训的创业者如何获得培训补贴？ 068
创业培训应遵循哪些原则？ 068

创业培训可以采取哪些培训形式？
培训期限有多长？ 069
如何加强创业培训？ 070
什么是创业孵化基地（园区）？ 070
创业孵化基地扶持对象范围是什么？ 071
进入创业孵化基地的企业应具备哪些条件？ 071
什么是创业指导服务？ 072
创业指导服务由谁来实施？ 072
什么是大学生创业引领计划？ 073
大学生创业引领计划包括哪些政策措施？ 073

第五编 就业扶持政策

我国现行支持和促进创业就业的
税收政策有哪些？ 078
支持和促进重点群体创业就业税收政策的
主要内容是什么？ 079
为什么要取消享受税收优惠政策的行业范围限制？ 080
为什么要简化税收优惠政策管理？ 080
哪些人属于持《就业失业登记证》注明
“自主创业税收政策”或附着
《高校毕业生自主创业证》人员？ 080
从事个体经营的如何申请减免税？ 081
如何申领就业失业登记证？ 081
如何加强对就业失业登记证的管理？ 082
从事个体经营可以免除哪些收费项目？ 082
从事个体经营的如何申请免费？ 083
小微企业暂免征收部分行政事业性收费有哪些？ 083
什么是小额担保贷款？
小额担保贷款的用途是什么？ 084

小额担保贷款对象是哪些？ 084
申请小额担保贷款额度是多少？
　贷款期限有多长？ 085
怎样申请小额担保贷款？
　在哪些银行可以申请小额担保贷款？ 085
小额担保贷款如何贴息？ 085
贴息资金如何审核与拨付？ 086
什么是小额担保贷款担保基金？ 087
哪些机构可以作为小额担保贷款的贷款担保机构？ 087
什么是就业专项资金？ 087
中央财政就业专项资金如何拨付？ 088
就业专项资金的使用原则是什么？ 088
什么是职业介绍补贴？ 088
享受职业介绍补贴需要具备哪些条件？ 088
如何申领职业介绍补贴？ 089
公共就业服务机构如何申请职业介绍补贴？ 089
什么是职业培训补贴？ 090
享受职业培训补贴的人员范围是什么？ 090
职业培训补贴的期限多长？ 090
如何申领职业培训补贴？ 091
什么是劳动预备制培训补贴？ 091
职业培训补贴标准是多少？ 091
开展岗前就业技能培训能否得到培训补贴？ 092
什么是职业技能鉴定补贴？ 092
如何申领职业技能鉴定补贴？ 093
什么是社会保险补贴？ 093
社会保险包括哪几个险种？ 093
社会保险补贴的标准是多少？ 093
享受社会保险补贴的期限有多长？ 094

企业（单位）吸纳就业困难人员可以享受哪些社会保险补贴？ 094
企业（单位）如何申请社会保险补贴？ 094
灵活就业人员享受社会保险补贴的认定条件是什么？ 094
灵活就业人员如何申请社会保险补贴？ 095
什么是公益性岗位补贴？ 095
公益性岗位补贴期限是多少？ 095
如何申请公益性岗位补贴？ 095
什么是就业见习补贴？ 096
如何申请就业见习补贴？ 096
什么是特定就业政策补助？ 096

第六编 就业服务

什么是就业服务？ 100
就业服务有哪些作用？ 100
什么是公共就业服务？ 101
我国有哪些公共就业服务机构？ 101
公共就业服务的基本原则是什么？ 102
我国公共就业服务范围及主要内容是什么？ 103
如何完善公共就业服务体系？ 103
如何提升公共就业服务水平？ 105
如何保障公共就业服务经费？ 106
如何健全公共就业服务经费保障机制？ 106
什么是职业介绍？ 107
职业介绍的主要内容是什么？ 108
职业介绍的程序是什么？ 108
职业介绍机构有哪几类？ 109
什么是其他非营利性职业介绍机构？ 110

什么是公共职业介绍机构？ 110
公共职业介绍机构应该提供哪些服务？ 110
什么是营利性职业介绍机构？ 111
从事职业中介活动应当遵循哪些原则？ 111
设立职业中介机构是否要经行政许可？ 111
开办职业介绍机构应具备哪些条件？ 111
职业介绍机构可以从事哪些业务？ 112
职业中介机构不得从事哪些活动？ 112
职业中介机构从事公益性服务活动可否获得补贴？ 113
什么是求人倍率？ 113
如何收集职业介绍信息？ 113
劳动者求职方式有哪些？ 114
用人单位可以通过哪些途径招用人员？ 114
什么是职业指导？ 115
开展职业指导应遵循什么原则？ 116
如何对求职者个人进行职业指导？ 116
如何对用人单位进行职业指导？ 117
开展职业指导有哪些方法？ 118
什么是职业指导人员资格证书制度？ 118
什么是就业登记？ 119
什么是就业统计？ 120
如何做好就业统计工作？ 121
什么是空岗信息登记制度？ 121
什么是劳动力调查制度？ 122
什么是基层劳动就业和社会保障公共服务平台？ 122
基层劳动就业和社会保障公共服务平台的职责和社区工作人员的任务是什么？ 123
开展社区就业工作有哪些重点难点问题需要着重解决？ 124

如何进一步加强基层平台就业工作人员队伍建设？ 125
什么是人事代理？ 126
什么是劳动就业服务企业？ 127
什么是“民营企业招聘周”活动？ 127
什么是“春风行动”？ 128

第七编　就业援助

什么是就业援助？ 132
什么是就业援助制度？ 132
当前就业援助工作的目标任务是什么？ 132
什么是就业困难人员？ 133
如何完善就业困难人员登记认定办法？ 133
就业援助的措施包括哪些？ 134
什么是公益性岗位？ 134
什么是城市零就业家庭？ 134
法律对援助城市零就业家庭有哪些要求？ 135
什么是资源开采型城市？ 135
什么是独立工矿区？ 135
法律对资源开采型城市和独立工矿区就业援助有哪些规定？ 135
就业援助主体是谁？ 135
就业促进法关于地方各级人民政府基层就业援助服务工作的规定有哪些？ 136
公共职业介绍机构在就业援助行动中，必须提供哪些职业指导服务？ 136
就业困难人员可得到哪些就业信息和岗位帮助？ 136
公共职业介绍机构可为就业困难人员提供哪些劳动保障事务代理服务？ 137
什么是“就业援助月”？ 137

“就业援助月”活动工作内容是什么？ 137
如何实现就业援助精细化？ 139
如何健全就业援助工作基本制度？ 140
如何完善就业援助工作保障措施？ 140
如何增强信息化对就业援助工作的支撑力度？ 141
如何实行就业援助工作绩效管理？ 141
如何加强就业援助组织领导？ 141
如何加大就业援助工作宣传力度？ 142

第八编　高校毕业生就业政策

为什么要高度重视高校毕业生就业创业工作？ 144
哪些机构可为高校毕业生提供就业服务？ 145
高校毕业生获取就业信息的主要渠道有哪些？ 145
在校期间高校毕业生可以通过哪些途径提升就业能力？ 146
面对求职困难高校毕业生该如何应对？ 146
如何为高校毕业生创造公平的就业环境？ 147
如何加强就业指导和就业服务？ 147
国家对鼓励中小企业吸纳高校毕业生有哪些政策措施？ 148
服务外包企业吸纳高校毕业生有哪些财政支持？ 148
高校毕业生怎样办理人事代理？ 149
高校毕业生如何与用人单位订立劳动合同？ 149
高校毕业生如何处理劳动人事纠纷？ 150
什么是基层就业？ 150
国家鼓励毕业生到基层就业的主要优惠政策包括哪些？ 150
什么是基层社会管理和公共服务岗位？ 151

为鼓励高校毕业生面向基层就业，实施学费补偿和助学贷款代偿政策的主要内容是什么？ 152
国家实施补偿学费和代偿助学贷款的就业地域范围包括哪些？ 152
学费补偿和助学贷款代偿的标准和年限是多少？ 153
高校毕业生如何申请学费补偿和助学贷款代偿？ 154
到基层就业如何办理户口、档案、党团关系等手续？ 154
中央有关部门实施了哪些基层就业项目？ 154
什么是农村义务教育阶段学校教师特设岗位计划？ 155
农村教师“特岗计划”招聘对象和条件是什么？ 155
农村教师“特岗计划”的招聘程序有哪些？ 156
什么是选聘高校毕业生到村任职？ 156
选聘到村任职的对象是什么？要满足哪些条件？ 156
什么是“三支一扶”计划？ 157
什么是大学生志愿服务西部计划？ 157
参加中央部门组织实施的基层就业项目，服务期满后享受哪些优惠政策？ 157
高校毕业生到艰苦边远地区或国家扶贫开发工作重点县就业有什么优惠政策？ 158
国家鼓励高校毕业生入伍，这里的“高校毕业生”如何界定？ 159
应征入伍高校毕业生的年龄条件是多少？服义务兵役年限是多少？ 159

高校毕业生应征入伍服义务兵役要经过
哪些程序？ 159
高校毕业生应征入伍服义务兵役享受
哪些优惠政策？ 160
什么是应征入伍服义务兵役学费补偿和
助学贷款代偿？ 160
高校毕业生应征入伍申请学费补偿或
助学贷款代偿的程序是什么？ 161
补偿、代偿的经费如何发放到符合条件的
高校毕业生手中？ 162
具有高等教育学历的士兵退役后，
享受哪些升学考学优惠政策？ 163
高校毕业生应征入伍服义务兵役，
其户口档案存放在哪里？如何迁转？ 163
国家和地方重大科研项目聘用高校毕业生
作为研究助理或辅助人员有哪些规定？ 164
国家和地方重大科研项目聘用高校毕业生
服务协议如何约定？ 165
被吸纳的高校毕业生的各种权益如何保护？ 165
高校毕业生自主创业，可以享受哪些
优惠政策？ 166
针对高校毕业生灵活就业有什么政策措施？ 167
什么是就业见习？ 168
关于就业见习期限有哪些规定？ 169
离校未就业高校毕业生参加就业见习
享受哪些政策和服务？ 169
见习单位能享受什么优惠政策？ 169
企业为高校毕业生开展岗前培训
享受什么优惠政策？ 170

高校毕业生能否享受职业培训补贴政策？
如何申请职业培训补贴？ 170
高校毕业生能否享受职业技能鉴定补贴政策，
如何申请技能鉴定补贴？ 171
如何加强高校毕业生就业援助？ 171
高校毕业生如何办理就业登记和失业登记？
离校后未就业如何获得相应的就业指导和服务？ 172
离校未就业高校毕业生登记失业后，可以享受哪些
服务和政策？ 172

第一编
就业的基本问题

什么是就业？

就业，是指从事一定的社会劳动并取得劳动报酬的经济活动。就业具有如下特征：一是具有劳动能力的人从事了劳动；二是这种劳动必须得到社会的承认；三是这种劳动必须是有报酬和有收入的。

就业人员，是指在一定年龄区限，在某一特定时期内，从事劳动的人员。按照国际劳工统计学家会议提出的标准，就业人员包括以下几种含义：一是在规定的时期内（一周或一天）从事有报酬或有收益的工作人员；二是已经从事现在的职业，但在规定的时期内因疾病、事故、休假、旷工、机械故障、产业竞争等原因暂时停止工作的人员；三是雇主与自谋职业的人员。

部分国家对就业人员的定义与上述标准有一定的差异，他们将就业人员定义为一切为挣工资或为利润而工作的人，以及在家庭企业和农场每周工作 15 小时以上的人。就业人员中不包括从事家务劳动、义务劳动的人。

为什么说就业是民生之本？

就业是民生之本，是人民生存和生活的根本。也就是说，就业是人民群众获得收入、维持生计和进一步改善物质、精神生活的基本途径。“民以食为天”，而食的获得要靠劳动来换取。对于老百姓来说，就业和收入是划等号的。只有就业，才有工作，才能获得工资性收入，才能有钱，才能维持生计，进而才能改善物质和精神生活。当前，我国还处在社会主义初级阶段，还没有实现物质的极大充裕，物质是有限的，需要人民通过工作来创造生活条件。我国的社会保障体系还没那么完善，没有工作难以保证基本生活。因此，对于老百姓来讲，只有通过就业，才能获得生存和生活的资本。只有解决生存和生活问题，才能实现发展的权利，如实现人生价值，获取社会尊重，谋求发展。

然而，近些年来，人们普遍感到找工作的难度越来越大了，即使大学毕业、研究生毕业、博士生毕业或者海外留学归来，找一份称心如意的工作也并非易事。究其原因，是我国城镇新增劳动力就业、失业人员再就业和农村富余劳动力转移就业、大学生就业等问题涌现，使本来就存在的就业困难更加突出。加之企业改制减少用工、采用高新技术、进城农民工日益增多等原因，给就业进一步增加了压力。因此，千方百计促进就业，是党和政府的重要职责。各级党委和政府必须予以高度重视，必须始终把保障就业列为解决民生问题的重中之重，多措并举，尽最大努力扩大就业，解决广大民众的生计问题，提升人民群众的幸福水平。

什么叫就业优先战略？

实施就业优先战略，就是要把促进就业放在经济社会发展的优先位置，作为经济社会发展的优先目标，选择有利于扩大就业的经济社会发展战略，强化政府责任，加大资金投入和政策支持，使就业优先成为全社会的思想共识、决策导向、行动自觉。具体来说，实施就业优先战略，包括五个内容要素：

1. 要落实“以人为本，全面、协调、可持续发展”的科学发展观。在一定时期内，从全局和战略的角度统筹国家各个层面的经济和社会政策，安排国家经济社会发展的先后顺序，贯彻落实中央要求将改善和保障民生作为经济社会发展的出发点和落脚点，并将促进充分就业作为民生的头等大事进行安排。

2. 要正确处理就业增长与经济增长、物价稳定和国际收支平衡之间的关系，把实施充分就业的目标放在宏观经济调控目标的突出位置。

3. 要实现就业增长与经济增长互动，就业增长与产业结构调整互动，促进人与自然、人与经济社会发展之间的和谐，创造更多的就业岗位，实现全社会劳动力资源的合理配置和充分利用。

4. 要让每一个劳动者都能通过就业融入经济社会发展的主流，全面提高其综合素质并实现自身的价值。

5. 要确保每一位公民的生存权、发展权和人格尊严，真正做到让全体社会成员共享经济改革与发展成果，并使他们的生活水平随着经济社会的不断发展而逐步提升。

为什么要确立就业优先发展的战略？

之所以要确立就业优先发展的战略是由于：

1. 当前就业工作的重要性。就业工作作为民生头等大事，其重要性越来越突出：当前，它是保障和改善民生的重要基础和条件；今后，它又是全面实现小康和构建和谐社会的重要目标和标志。就业问题事关亿万劳动者及家庭切身利益。解决得好，就业率提高，失业率下降，人民生活有保障，收入有来源，发展有基础，对社会也有信心，有助于国家稳定发展；若解决不好，失业率增长，人民收入无来源，家庭生活无保障，导致经济停滞不前，还会引起社会动荡。因此，越是重视民生就越要解决好就业问题。只有夯实民生之本这一基础，才能真正使改善和保障民生落到实处，上升到新的水平。

2. 当前劳动力供求状况。“十二五”时期，由于城市化、工业化、市场化、国际化步伐将加快，我国的就业结构、方式、总量和质量将会发生重大变化。劳动力供大于求的总量性矛盾仍严重存在，就业的结构性矛盾也不断加剧，因此，对就业工作绝不能有丝毫放松，为缓解矛盾，必须实施“就业优先”。

3. 经济宏观调控和社会可持续发展要求。宏观经济必须要处理好四大目标平衡问题：一是稳定价格，避免通货膨胀；二是调控失业率，实现充分就业；三是持续与适度的经济增长；四是国际收支平衡。2009 年，在全球遭遇几十年未有的经济危机，特别是“高增长低就业”“无就业经济复苏”现象反复出现的情况下，许多国家的政府都及时回到“就业第一”的立场上。2009 年 9 月，在美国匹兹堡召开的金融峰会上，各国就提出“把增加高质量的就业机会作为经济复苏的主要目标”。“十二五”时期，我国经济发展方式发生了三大转变，即促进经济增长由主要依靠投资出口推动向依靠消费、投资、出口协调拉动转变；由主要依靠第二产业带动向依靠第一产业、第二产业、第三产业协同带动转变；由主要依靠增加物质资源消耗向主要依靠科技进步、劳动者素质提高、管理创新转变。这三大转变对就业格局形成重大影响，要求进一步整合人力资源，使之与新阶段的消费结构、经济结构和社会结构相适应，进而要求实行“就业优先”战略，将扩大就业摆在经济社会发展更加突出的位置，作为经济社会发展和调整经济结构的重要目标，强化政府促进就业责任，实现经济增长与扩大就业的良性互动。

什么是更高质量的就业？

从宏观层面讲，更高质量的就业主要体现在：一是就业机会更加充分，劳动力资源的供给和需求在总量上趋于平衡；二是就业环境更加优良，劳动者的就业机会增多，更加公平地享有获得劳动报酬、福利等权利；三是就业结构更加良好，劳动者的构成更加全面、协调，劳动力资源的供给结构适应经济社会发展的需要；四是劳动者素质进一步提升，就业能力进一步提高，更加适应产业结构转型带来的对工作岗位的新要求；五是劳动关系更加和谐，劳动者的报酬、社会保障、休假、劳动保护等得到更好的实现，形成健全的劳资关系调节机制，劳动争议能够通过有效的途径得以解决，就业稳定性进一步增强。

从微观层面讲，更高质量的就业主要体现在：一是劳动者通过更高质量的就业获取的劳动报酬更趋合理，劳动收入可以更好地满足自身和家庭成员的生活和发展需要；二是有就业能力的劳动者通过就业融入社会，共享经济社会发展成果；三是劳动者通过就业获得自身发展的机会；四是劳动者通过人岗相适的就业岗位而更有尊严，自身的劳动成果得到更好的认可，自身价值得到更好的实现，劳动过程更加愉悦，劳动者的工作满意度得到提高。

实现更高质量就业的基本途径，一是加快产业结构调整，创造更高质量的就业机会；二是完善就业服务体系和就业服务平台建设；三是提高就业的稳定性和保障性；四是全面提高劳动者素质；五是推进各类创业载体建设；六是维护合法就业权益。

什么是公平就业？

公平就业，即反就业歧视，指劳动者在就业过程中享有平等的就业权利，不因劳动者的性别、民族、宗教信仰、户籍等因素受到不平等的对待。

为了维护劳动者的平等就业权，反对就业歧视，就业促进法对公平就业作出了规定，主要包括八个方面：

1. 明确政府维护公平就业的责任。各级人民政府应当创造公平就业的环境，消除就业歧视，并制定政策和采取措施对就业困难人员给予扶持和援助。

2. 规范用人单位和职业中介机构的行为。在人力资源市场中，用人单位和职业中介机构的行为往往影响和决定着劳动者的就业机会和就业权利的实现。依法规范它们的行为，对维护劳动者平等就业权至关重要。因此，就业促进法规定：用人单位招用人员、职业中介机构从事职业中介活动，应当向劳动者提供平等的就业机会和公平的就业条件，不得实施就业歧视。

3. 保障妇女享有与男子平等的劳动权利。用人单位招用人员，除国家规定的不适合妇女的工种或者岗位外，不得以性别为由拒绝录用妇女或者提高对妇女的录用标准。同时，对用人单位录用的劳动合同内容作了法律规定。

4. 保障各民族劳动者享有平等的劳动权利。用人单位招用人员，应当依法对少数民族劳动者给予适当照顾。

5. 保障残疾人的劳动权利。各级人民政府应当为残疾人创造就业条件。用人单位招用人员，不得歧视残疾人。

6. 保障传染病病原携带者的平等就业权。规定用人单位招用人员，不得以是传染病病原携带者为由拒绝录用。同时对其不能从事的工作作了法律限制。

7. 保障进城就业的农村劳动者的平等就业权。农村劳动者进城就业享有与城镇劳动者平等的劳动权利，不得对农村劳动者进城就业设置歧视性限制。

8. 规定了劳动者受到就业歧视时的法律救济途径。违反本法规定，实施就业歧视的，劳动者可以向人民法院提起诉讼。

什么是失业？

失业是一种社会经济现象，是劳动力和生产资料相分离的一种社会形态。它是与就业相对立的一个经济学概念，是指具有劳动能力的劳动者与就业岗位相互脱节的一种状态。失业问题与通货膨胀、资源匮乏、环境恶化一起被列为当今世界经济发展的四大难题。

由于各个国家的情况不同，所以各国衡量失业的标准也不尽相同。参照国际劳工组织及世界上大多数市场经济国家衡量失业的标准，我国将失业人员定义为：在 16 周岁以上，有劳动能力，但未从事有收入的劳动，当前有就业可能并以某种方式正在寻找工作的人员。

我国的失业人员主要包括以下几种类型：

1. 新成长的城镇待业青年。
2. 失去工作（被解除劳动关系）的职工。
3. 城镇其他失业人员。

失业有几种类型？

从不同的角度可以对失业现象进行不同的分类，但比较通用的分类方法有两种：一是按照失业的持续时间分类；二是按照形成失业的原因分类。

按照第一种分类法，失业可分为短期失业和长期失业。所谓的长期失业一般是指失业周期在 6 个月以上的。相应地，短期失业就是指失业 6 个月以下的。按照形成失业的原因分，可以将失业分为摩擦性失业、季节性失业、技术性失业、结构性失业和周期性失业等。

什么是摩擦性失业？

摩擦性失业，是指由于求职的劳动者与需要提供的岗位之间存在着时间滞差而形成的失业。如学生毕业后不能及时得到工作就属于此类失业。摩擦性失业主要由三个原因引起：

1. 在经济制度的动态结构下，原有的工作不断消失，新的工作不断产生，新旧工作之间的替代不可避免地要使部分劳动者由于不能及时转移到新的工作岗位而失业。

2. 由于原材料供应不上，或者由于机构设备出现故障，工厂对劳动力的需求时断时续，这样也会产生一部分摩擦性失业；

3. 由于劳动力市场职能的缺陷，如就业信息不畅，求职者无法与用人单位及时取得联系而造成摩擦性失业。

不论是由哪种原因造成的摩擦性失业都是竞争性劳动力市场的一种自然特征，也是一种正常的现象。

什么是季节性失业？

季节性失业，是指某些行业生产条件或产品受气候条件、社会风俗或购买习惯的影响，使生产对劳动力的需求出现季节性而形成的失业。许多行业，如农业、建筑业、采矿业受气候条件的影响很大，一般在冬天都要停工。在这些行业就业的人员，每到冬天就将面临失业的危险，甚至真的失去职业。一些企业也受社会风俗和购买习惯的影响，季节性生产的特征也表现得比较明显，如专门生产节日用品的企业，他们一年当中只是在节日即将来临的一段时间内进行生产，节日一过，就要把工人解雇。

什么是技术性失业？

技术性失业，是指由于使用新机器设备或新材料，采用新的生产工艺或新的生产管理方式，社会局部生产节省劳动力而形成的失业。随着科学技术的进步与应用，产业结构的变化、劳动生产率的提高，导致工业部门对劳动力的需求数量相对减少，而对劳动者的质量、技术水平要求相对提高，两者都可能成为引起技术性失业的原因。在市场经济条件下，技术性失业是经济动态运行的一种必然结果。

什么是结构性失业？

结构性失业，是指由于国民生产的产业结构变化以及生产形式规模的变化，劳动力结构不能适应而产生的失业。在市场经济条件下，竞争是唯一的法则，企业若想有活力，就必须保持一定的竞争力。适应这一规律，企业就要不断地对产品、技术和组织结构进行调整，一些职工也就必然要调整和转移就业岗位，这就导致了结构性失业。同时，还有一种结构性失业是由于产业结构调整引起的。一些产业，如资源性产业，在经过一段时间后，随着资源的枯竭，产业就要消失，随之而来的就是在这一产业中就业的工人大量失业。目前，结构性失业在我国越来越多。

什么是周期性失业？

周期性失业，是指由于经济周期性萎缩而形成的失业。经济发展不是永远上升的。它总是要经历增长—衰退—增长这样一个周期。在经济处于增长阶段，就业水平就高，就业人员就多，在经济衰退时期，许多工厂就要破产、停产，许多人员就会失业。经济发展的历史证明，只要经济处于衰退时期，就会形成大量的失业。这种由经济周期性萎缩而形成的失业就是周期性失业。

什么是自愿性失业？

自愿性失业，是指劳动者在劳动力市场上拒绝接受雇主按现行的工资或稍低的工资所安排的就业岗位，从而形成的失业。经济学家认为，造成这种自愿性失业的原因主要有：

1. 为失业者支付的失业保险金过高，致使一部分人宁愿失业领失业保险金，也不愿意积极寻找工作。

2. 人们过分追求工作待遇和优越的工作条件，拒绝接受适当的工作。

3. 准备服兵役或升学。

4. 贪图闲暇和安逸等。

什么是非自愿性失业？

非自愿性失业是与自愿性失业相对的概念，指在劳动力市场条件下，工人愿意接受雇主安排的工作，不管这样工作的工资多少，但由于利润不高，或由于设备不足，雇主还是不愿意雇佣工人，这样产生的失业就是非自愿性失业。非自愿性失业是由凯恩斯提出来的，他认为，形成非自愿性失业的原因主要是有效需求不足。

什么叫失业率？

从根本上说，失业率是一个统计指标，是指一个国家在一定时期内失业人数与劳动力总数的比率。国际上通常采用的失业率计算公式是：

失业率＝该年度失业人数／就业人数＋失业人数 × 平均失业持续周数／52 周

目前我国只计算城镇登记失业率，计算公式为：

失业率＝该年度失业人数／（就业人数＋失业人数）×100%

什么是城镇登记失业率？

城镇登记失业率，是指在一定时期内，城镇中到劳动部门进行失业登记的人员与劳动力总数的比率。登记失业率是政府劳动就业部门通过行政记录取得的资料，是一种重要的行政记录汇总，是政府具体进行失业、就业管理服务和失业保险服务的基础，是政府进行宏观决策的重要依据。目前，我国实行的就是登记失业统计制度，对外发布登记失业率已近 30 年。按照这一定义，农村失业人口不包括在内，没有进行失业登记的失业人口不算，下岗职工也不算失业人员。西方一些发达国家也实行登记失业率制度。

什么是适度失业率？

适度失业率，是指一个国家在一定时期内和一定的条件下，社会可以接受的失业率。所谓的社会可以接受的失业率具体有三种内涵：

1. 不影响广大劳动者就业和基本生活水平的失业率。
2. 保证企业合理负担和生产经营能够良性循环下的失业率。
3. 国家宏观政策可以调控的失业率。

同时，适度失业率还应该是一个社会经济发展所需要的失业率。

什么是自然失业率？

在市场经济条件下，经济运行的波动性、周期性和不平衡性决定了经济活动对劳动生产力的需求是不断变化的，这就从客观上要求社会必须备有调节劳动力供求的“蓄水池”，也就是要有一定的、与经济发展相适应的适量失业人口。西方经济学将这种失业人口形成的失业称为“自然失业”，其对劳动人口的比率被称为自然失业率。

这一概念首先是由美国著名经济学家米尔顿·费里德曼提出。他认为，在市场经济条件下，失业是不可避免的，是市场条件下劳动者个人和企业追逐自身利益的反映。这种失业恰恰是协调劳动力供求的一种机制，是不可能也无必要消除的。

什么是再就业？

再就业，是指由就业转失业的人员重新就业的状态。在我国，再就业有其区别于其他国家和地区的特殊含义，再就业不仅是指失业人员重新就业的情况，而且还包括下岗职工重新就业的情况。而下岗职工则是指由于用人单位的生产和经营状况等客观原因，已离开本人工作岗位，并不在本单位从事其他工作，且尚未找到工作，仍与用人单位保持劳动关系的人员。

经济增长和就业岗位增加有什么关系？

经济发展速度与就业岗位的增减密切相关，经济增长是扩大就业的基础。扩大就业的根本出路在于发展经济，经济增长是带动就业的火车头。据有关专家分析，20 世纪 90 年代我国经济发展速度每增加一个百分点，就能增加就业人口 80 多万人。保持一定的经济发展速度是我国解决就业问题的首善之选。

一定的经济增长速度能对就业产生重大影响，不同的经济结构、不同的增长模式对就业的贡献也不同。因为不同产业的就业弹性大不相同。发展劳动密集型产业，发展多种所有制经济，发展中小企业，都对吸纳劳动力就业有至关重要的作用。与此同时，扩大就业是提高低收入居民的收入水平，促进消费增长，拉动内需的重要措施。近年来，我国之所以在国际经济形势十分复杂的背景下保持了经济持续快速健康发展，并且实现了就业规模的不断扩大，最根本的一条经验就是把扩大内需和扩大就业结合起来。

什么是就业弹性？

所谓就业弹性，就是经济增长每变化一个百分点所对应的就业数量变化的百分比。我国20世纪80年代，GDP每增加一个百分点，可增加200多万个就业岗位，到了20世纪90年代就业岗位只能增加80多万个。就业弹性的变化决定于经济结构和劳动成本等因素。一定数量的劳动力就业所需要的资本投入和劳动力成本构成就业的单位成本。如果经济结构中，中小企业、服务业等劳动密集型经济所占的比例较大，资本比例较小，就业成本相对就低，就业弹性就高。在经济增长速度相对稳定的条件下，保持较高的就业弹性对于就业和再就业增长更具现实意义。因此，在制定政策，发展经济时，不能单纯地以增长为目标，还要把充分就业考虑进去，让经济与就业良性互动。

什么是就业结构？

就业结构是反映一个国家经济发展的重要尺度。一般来说，它有广义和狭义之分。广义的就业结构包括就业的产业结构、职业结构、城乡结构、行业结构、性别与年龄结构、所有制结构、技术结构、地区结构。狭义的就业结构是指就业的产业结构，也就是指在第一产业、第二产业、第三产业中就业的人口占全部就业人口的比率。

什么是劳动力市场？

所谓劳动力市场，是指对劳动力资源进行配置和调节的一种机制，是市场经济体系的重要组成部分。它涉及劳动者求职、就业、培训、失业和转业，直至退休的全过程；涉及用人单位招聘、给付报酬、提供劳动安全卫生条件、确立福利待遇诸多环节；还涉及企业和劳动者之间劳动关系的确立、调整和终止，以及市场中介服务、信息交流等相关内容。一般来说，劳动力市场具有统一、开放、竞争、有序等特性。劳动力市场对社会经济发展具有重要作用。

什么是积极的劳动力市场政策？

积极的劳动力市场政策是相对于消极的劳动力市场政策而言的。这是一个源于西方国家的概念。其主要内容是指，通过采取各种有效措施，调动各方面的积极性，促进失业人员尽快就业。所谓消极的劳动力市场政策，是指对一些暂时难以再就业的人实行维持生计的现金支持政策。积极的劳动力市场政策则要求重视那些能够促进失业人员尽快、及早重新就业的劳动力市场措施。这些措施主要包括：职业介绍、职业指导、职业培训、创造就业岗位、组织试工、提供岗位安置的工资性补贴等。

1988 年，第 75 届国际劳工大会通过了促进就业和失业保险公约和建议书，将失业保护措施和促进就业更加紧密地结合起来。该公约指出，创造和促进一切形式的生产性和自由选择就业政策，是使劳动者免受非自愿性失业的最佳保护办法。从这次会议开始，各国对失业保险制度的促进再就业功能更加重视，许多国家逐渐改变了单纯发放失业保险金（救济金）的消极作法，纷纷推出了积极的劳动力市场政策。

在实施积极的劳动力市场政策方面，许多国家采取了很多措施。这些措施主要包括：强化空岗信息收集，以便将更多的就业机会及时提供给失业人员；有针对性地对失业人员进行职业指导，帮助失业人员克服在求职和就业过程中产生的各种心理障碍；加强在职训练和转业训练，提高员工和失业人员技能水平；为失业人员提供相关费用，支持其求职活动；用失业保险基金提供工资补贴，保障失业者试工的机会；创造就业岗位等。

什么是劳动力市场工资指导价位？

劳动力市场工资指导价位是政府有关部门公布的关于职业（工种）的工资价位。建立劳动力市场工资指导价位制度是市场经济条件下，国家对企业工资分配进行指导和间接调控的一种方式。政府有关部门对各类职业（工种）工资水平进行广泛调查，经过汇总、分析和修正，公布有代表性的职业（工种）的工资指导价位，以规范劳动力市场供需双方的行为，从微观上指导企业合理确定劳动者个人工资水平和各类人员的工资关系。建立劳动力市场工资指导价位制度是市场经济国家的通行做法，有利于充分发挥市场机制对工资分配的基础性调节作用，促进市场均衡工资率的形成；有利于指导企业根据劳动力供求状况和市场价格，形成企业内部科学合理的工资分配关系；同时也有利于企业工资宏观调控体系建设。

什么是刘易斯拐点？

刘易斯拐点（Lewis Turning Point），又称路易斯拐点，即劳动力从过剩走向短缺的转折点，指在工业化过程中，随着农村富余劳动力向非农产业的逐步转移，农村富余劳动力逐渐减少，最终枯竭。它由诺贝尔经济学奖得主刘易斯在人口流动模型中提出。刘易斯指出，在一国发展初期存在二元经济结构，一个是以传统农业部门为代表的、以传统生产方式生产的部门；一个是以工业部门和城市为代表的、以现代生产方式生产的部门。从劳动力报酬变化规律看，刘易斯的“二元经济”发展模式可以分为两个阶段：一是劳动力无限供给阶段，此时劳动力过剩，工资取决于维持生活所需的生活资料的价值；二是劳动力短缺阶段，此时传统农业部门中的剩余劳动力被现代工业部门吸收完毕，工资取决于劳动的边际生产力。由第一阶段转变到第二阶段，劳动力由剩余变为短缺，相应的劳动力供给曲线开始向上倾斜，劳动力工资水平也必然不断提高。

什么是奥肯定律？

奥肯定律（Okuns'law）是描述失业率和 GDP 之间关系的经验定律。奥肯定律由美国经济学家阿瑟·奥肯提出，其内容是，失业率每高于自然失业率 1%，实际 GDP 便低于潜在 GDP 的 2%。例如，假定失业率为 8%，比自然失业率高 2%，那么按照奥肯定律，实际 GDP 就比潜在 GDP 低 4%。然而，这条定律如今在中国似乎不灵了。

什么是人口红利？

人口红利，指的是一个国家的劳动年龄人口占国家总人口的比重比较大，而这个国家的抚养率比较低，这样就为国家的经济发展创造了比较有利的人口条件，使得整个国家的经济发展的局面呈现高储蓄、高投资和高增长的态势。很多时候，人口红利与债务的概念是相对应的，我国在 2012 年劳动年龄人口有了一次比较大的下降，这种情况下我国的人口红利趋于消失，从而导致未来的中国将要面临经济发展减速的情况。

第二编
政府促进就业责任

什么是积极就业政策？

积极就业政策是我们党和政府根据我国国情以及就业形势而制定的就业政策。其主要内容是指，通过采取各种有效措施，如将失业率纳入宏观经济调控指标，对就业再就业实施税收优惠政策，减免有关行政性收费，加强职业介绍、职业指导、职业培训等就业服务，开发就业岗位、提供社会保险补贴等，调动各方面的积极性，促进失业人员尽快就业。

我国积极就业政策主要包括哪些内容？

为了建立促进就业长效机制，就业促进法将经过实践检验、行之有效的积极就业政策上升为法律规范，并按照促进就业的工作要求，规定了政策支持的法律内容。主要包括十个方面：

1. 实行有利于促进就业的产业政策。明确规定县级以上人民政府统筹协调产业政策与就业政策。鼓励各类企业在法律、法规规定的范围内，通过兴办产业或者拓展经营，增加就业岗位。国家鼓励发展劳动密集型产业、服务业，扶持中小企业，鼓励、支持、引导非公有制经济发展，扩大就业机会，增加就业岗位。在安排政府投资和确定重大建设项目时，应当发挥投资和重大建设项目带动就业的作用，增加就业岗位。国家发展国内外贸易和国际经济合作，拓宽就业渠道。

2. 实行有利于促进就业的财政政策。明确规定国家加大资金投入，改善就业环境，扩大就业。县级以上人民政府应当根据就业状况和就业工作目标，在财政预算中安排就业专项资金用于促进就业工作。就业专项资金用于职业介绍、职业培训、公益性岗位、职业技能鉴定、特定就业政策和社会保险等的补贴，小额贷款担保基金和微利项目的小额担保贷款贴息，以及扶持公共就业服务等。审计机关、财政部门应当依法对就业专项资金的管理和使用情况进行监督检查。

3. 实行有利于促进就业的税收政策。明确规定国家鼓励企业增加就业岗位，扶持失业人员和残疾人就业，对符合法定条件的企业和人员依法给予税收优惠。这些企业和人员具体包括：吸纳符合国家规定条件的失业人员达到规定要求的企业，失业人员创办的中小企业，安置残疾人员达到规定比例或者集中使用残疾人的企业，从事个体经营的符合国家规定条件的失业人员，从事个体经营的残疾人，国务院规定给予税收优惠的其他企业、人员。同时，对从事个体经营的失业人员和残疾人免除行政事业性收费。

4. 实行有利于促进就业的金融政策。明确规定增加中小企业的融资渠道，鼓励金融机构改进金融服务，加大对中小企业的信贷支持，并对自主创业人员在一定期限内给予小额信贷等扶持。

5. 实行城乡统筹的就业政策。明确规定国家建立健全城乡劳动者平等就业的制度，引导农业富余劳动力有序转移就业。

6. 实行区域统筹的就业政策。国家支持区域经济发展，鼓励区域协作，统筹协调不同地区就业的均衡增长；支持民族地区发展经济，扩大就业。

7. 实行群体统筹的就业政策。各级人民政府统筹做好城镇新增劳动力、农业富余劳动力转移就业和失业人员就业工作。当前，要统筹做好下岗失业人员、大学生、复转军人、残疾人、农民工等群体的就业工作。

8. 实行有利于灵活就业的劳动和社会保险政策。明确规定各级人民政府采取措施，逐步完善和实施与非全日制用工等灵活就业相适应的劳动和社会保险政策，为灵活就业人员提供帮助和服务。

9. 实行就业援助制度。明确规定国家建立健全就业援助制度，对就业困难人员给予扶持和帮助。

10. 实行失业保险促进就业政策。明确规定失业保险制度保障基本生活和促进就业的功能，并要求加强对大规模失业的预防、调节和控制。

各级人民政府在促进就业方面负有什么职责？

就业问题关系到所有劳动者及其家庭的切身利益，促进就业和治理失业是政府的重要职责，这不仅是国际社会的共识，也是世界各国政府执政的重要目标，在我国，更是各级人民政府执政为民的重要体现。就业促进法对政府在促进就业中的职责作出明确规定，包括八个方面：

1. 建立就业工作目标责任制度。县级以上人民政府把扩大就业作为经济和社会发展的重要目标，纳入国民经济和社会发展规划，并制定促进就业的中长期规划和年度工作计划。各级人民政府和有关部门应当建立促进就业的目标责任制。县级以上人民政府按照促进就业目标责任制的要求，对所属有关部门和下一级人民政府进行考核和监督。

2. 制定实施有利于就业的经济和社会政策。县级以上人民政府通过发展经济和调整产业结构，实行有利于促进就业的产业政策、财政政策、税收政策等各项经济和社会政策，多渠道扩大就业、增加就业岗位。

3. 推进公平就业。各级人民政府依法保证劳动者享有平等就业和自主择业的权利，创造公平的就业环境，消除就业歧视。

4. 加强就业服务和管理。县级以上人民政府应当培育和完善统一开放、竞争有序的人力资源市场，促进劳动力供给与需求的有效匹配；建立健全公共就业服务体系，为劳动者就业提供服务；制定政策并采取措施，建立健全就业援助制度，对困难人员给予扶持和帮助。

5. 大力开展职业培训。国家依法发展职业教育，鼓励开展职业培训，并通过制定实施职业能力开发计划，鼓励和支持培训机构和用人单位开展就业前培训、在职培训、再就业培训、职业技能培训和创业培训，以及建立健全劳动预备制度和实行职业资格证书制度等措施，促进劳动者提高职业技能，增强就业能力和创业能力。

6. 建立健全失业保险制度。国家建立健全失业保险制度，依法确保失业人员的基本生活，并促进其实现再就业；县级以上人民政府建立失业预警制度，对可能出现的较大规模的失业，实施预防、调节和控制。

7. 开展就业和失业调查统计工作。国家建立劳动力调查统计制度和就业登记、失业登记制度，开展劳动力资源和就业、失业状况调查统计，并公布调查统计结果，以加强就业的基础管理工作。

8. 发挥社会各方面促进就业的作用。各级人民政府和有关部门应当对在促进就业工作中作出显著成绩的单位和个人给予表彰和奖励，发挥工会、共青团、妇联、残联、用人单位以及其他社会组织在促进就业工作中的作用。

为什么要将解决就业问题纳入宏观经济决策？

在市场经济中，失业率、经济增长速度、通货膨胀率和国际收支平衡都是重要的宏观调控指标。其中，失业率排在首位，因为失业率是效率和公平的结合点，失业率过高必然导致收入差距拉大，从而影响提高效率的社会环境，效率也可能由此而大打折扣。失业率同时也是近期发展目标和长期发展目标的结合点。只有把当前的就业问题处理得比较好，才具有经济社会可持续发展的可能。同样，只有把未来的失业率控制在合理的范围，才能把潜在的经济增长速度尽可能地发挥出来。因此，各级人民政府在制定国民经济和社会发展战略时，应该以就业问题为重要的基础性约束条件，制定具体的经济和社会发展措施。也正因为如此，我国的有关法律、有关政策与经济社会发展规划都要求，各地要把深化改革、促进发展、调整结构与扩大就业有机结合起来，在制定涉及全局的经济社会政策和确定重大建设项目时，要把扩大就业作为重要因素考虑，在注重提高竞争力的同时，确立有利于扩大就业的经济结构和增长模式，及时分析国内外经济形势变化对就业的影响，积极采取相应对策。

如何搞好就业的宏观调控？

在市场经济条件下，政府有责任对就业进行宏观调控，以避免失业规模过大，影响社会稳定。按照中共中央、国务院有关要求，当前和今后一个时期，我国政府对就业进行宏观调控应主要采取以下几项措施：

1. 建立失业预警机制，制定预案和相应措施，综合运用法律的、经济的和必要的行政手段，对失业进行调控，缓解失业引发的各种矛盾。对因国内国际经济形势发生重大变化出现就业压力的行业和企业，以及失业问题突出的困难地区、困难行业，要及时采取专项政策措施，努力减少失业，保持就业局势稳定。

2. 继续鼓励国有大中型企业进行主辅分离、辅业改制，充分利用原企业的非主业资产、闲置资产和关闭破产企业的有效资产，改制创办面向市场、独立核算、自负盈亏的法人经济实体（国家限制的行业除外），分流安置企业富余人员。

3. 稳步推进国有企业重组改制和关闭破产工作，严格审核并监督落实职工安置方案，规范企业操作行为，维护职工合法权益。国有企业实施重组改制和关闭破产时，职工安置方案须经企业职工代表大会或职工大会讨论通过，凡职工安置方案和社会保障办法不明确、资金不落实的企业，不得进入重组改制和破产程序。要指导企业在关闭破产准备阶段通过多种有效形式深入宣传政策，使职工了解政策内容和操作程序。要切实加强对企业关闭破产过程中职工安置工作的监督指导。关闭破产终结后，要及时做好职工分流安置和社会保障工作，妥善处理遗留问题。

4. 加强失业登记统计工作，建立劳动力调查制度，定期开展全国城镇劳动力调查，准确掌握全国劳动力市场供求变化。

5. 在重点做好下岗失业人员再就业工作的同时，要统筹兼顾城镇新成长劳动力的就业和农村富余劳动力的转移工作。对城镇新成长的劳动力，要引导和帮助他们参与市场竞争就业，对城镇未能继续升学的初、高中毕业生普遍实行劳动预备制度，加强职业教育和培训，延缓就业压力。对农村劳动力进城就业要公平对待，合理引导，完善管理，搞好服务，认真清理不合理的限制政策，切实保障他们的合法权益。各类企业招用农民工，应签订劳动合同，必须依法缴纳社会保险费。

什么是失业调控?

所谓的失业调控，是指政府为控制失业人员过快增长，减少失业人员数量，缩短失业人员失业周期而采取的法律、经济和行政等综合性措施。对失业进行调控，绝不是不允许失业，而是在尊重社会经济发展规律的前提下，通过适当的政府干预，平抑失业人员增长趋势，防止因失业引发的社会矛盾的激化。

为什么要进行失业调控？

失业是一种社会现象，扩大就业、减少失业是各国政府普遍重视和着力解决的主要问题之一。世界上许多市场经济国家都把失业调控作为宏观调控的重要目标，在制定经济社会政策时优先予以考虑。这样做的原因主要在于：

1. 依法调控失业，尤其是通过法律手段约束企业大规模裁员行为，可以保证企业裁员的合法与公正，进而维护劳动者的合法权益。

2. 政府通过必要的行政手段，调控失业出现的时间及地区分布，可有效缓解一些地区就业紧张局势和过大的失业压力，维护地区稳定。

3. 调控失业也是保持经济平稳发展，实现国家干预经济发展的重要手段。

4. 调控失业还有助于促进社会保险覆盖面的扩大和拓宽社会保险基金筹资渠道。

5. 国家调控失业，有利于劳动者稳定就业，符合劳动者愿望，更适合劳动者的心理期待。

我国失业调控的主要目标是什么？

我国失业调控主要有五项目标：

1. 控制失业率上升，将其控制在国家及不同地区经济社会发展水平所能接受的限度内。

2. 控制失业人员的数量，失业人员不能超过经济活动人口的一定比例。

3. 失业群体出现的时间和地区不能过于集中。

4. 失业人员个人的失业时间不能过长。

5. 保证失业人员的基本生活，将失业者组织到就业准备活动中去。

什么是失业预警？

失业预警，包括失业预测和失业预警两方面的含义。

所谓失业预测，是指通过对失业现象进行深入分析研究，根据失业变化的规律，对未来的失业状况预先作出推测和判断。主要目的是把握未来的失业变化趋势。

所谓失业预警，是指通过对失业状况的分析，指出失业事实的严重程度，并以一定的方式向社会或者政府发出失业危险即将到来的通知或信号。失业预警主要是唤起人们对失业问题的重视，并能及时采取应对措施。

如何建立失业预警机制？

按照中共中央、国务院的要求，各级劳动保障部门要高度重视建立失业预测预警机制工作，从实际出发，加强研究和探索。要把建立失业预测预警机制同完善就业统计体系紧密结合起来，同步考虑和部署实施。要完善失业统计制度，建立劳动力抽样调查制度，实行动态分析监测。要在对失业率、长期失业人员比例、失业人员增幅、享受失业保险待遇人数、失业保险基金收支、就业形势等综合分析的基础上，确定失业预警线，制定预案，在进入预警状态时启动相应措施，努力缓解失业的增加可能带来的各种问题。

如何规范企业裁员行为？

市场经济条件下，企业有用人的自主权，但这种自主权不是任意的、没有约束的权利。企业有权利选择合适的员工，增加经济效益，但也有义务保护劳动者的合法权益，并履行相应的社会责任。

劳动合同法第四十一条规定，有下列情形之一，需要裁减人员20人以上或者裁减不足20人但占企业职工总数10%以上的，用人单位提前30日向工会或者全体职工说明情况，听取工会或者职工的意见后，裁减人员方案经向劳动行政部门报告，可以裁减人员：

1. 依照企业破产法规定进行重整的。

2. 生产经营发生严重困难的。

3. 企业转产、重大技术革新或者经营方式调整，经变更劳动合同后，仍需裁减人员的。

4. 其他因劳动合同订立时所依据的客观经济情况发生重大变化，致使劳动合同无法履行的。

同时规定，裁减人员时，应当优先留用下列人员：

1. 与本单位订立较长期限的固定期限劳动合同的。

2. 与本单位订立无固定期限劳动合同的。

3. 家庭无其他就业人员，有需要扶养的老人或者未成年人的。

另外还规定，用人单位依照本条第一款规定裁减人员，在6个月内重新招用人员的，应当通知被裁减的人员，并在同等条件下优先招用被裁减的人员。

规范企业裁员，首先是政府的职责，劳动保障部门要切实负起责任来。各级劳动保障部门要加强对企业裁员的指导，严禁企业随意裁员。对生产经营遇到暂时困难的企业，要引导其与职工进行协商，通过采取适当缩短工时、降低工资等措施，稳定就业，避免规模裁员。对生产经营不正常、长期停产半停产确需裁员的企业，要指导其严格按照劳动法律、法规规定的程序，规范裁员行为。裁员方案要依法征求工会或职工的意见，方案中要明确裁减人员的数量、裁员条件、资金渠道及安置措施等，并依法向劳动保障部门报告。凡职工安置方案不明确，不能依法支付经济补偿金并妥善解决债权债务的，不得进行裁员。企业一次性裁员超过一定数量和比例的，要事先向当地政府报告。各级劳动保障部门应通过提前介入、全程参与、做好政策宣传等措施，加强对企业裁员行为的规范和指导，避免因企业裁员造成大规模失业。同时，及时提供劳动保障服务，保证企业裁员工作的平稳进行。

如何认识当前的就业形势？

近年来，我国经济发展增速趋缓，就业中总量压力和结构性矛盾依旧比较突出，新老问题交汇、内外问题交织，使得我国就业工作面临着诸多问题和挑战。我国人口众多，劳动者充分就业的需求与劳动力总量过大、素质不相适应的矛盾将长期存在，就业结构性矛盾十分突出。因此，今后几年，我国就业形势依然严峻，就业任务依然繁重。

1. 就业的总量压力。虽说我国劳动年龄人口于 2012 年底达到顶峰，之后开始出现下降，但 20 岁到 59 岁就业年龄人口仍在增加，就业的总量压力依然不小，尤其要注意高校毕业生的就业、农业富余劳动力的转移就业和就业困难群体的再就业三个方面。

2. 结构性矛盾突出。我国经济正处于从规模扩张向内部调整的拐点，经济结构的调整也必然带来需求的变化，从而造成一些新兴行业需求人才、中高级人才供不应求，而一些传统行业、过剩产能和落后产能的行业却出现大批失业人群。

3. 劳动力素质与岗位不适应的状况需要改变。许多地区和部分行业出现技能劳动者供不应求甚至严重短缺的情况，直接影响到经济发展。失业人员的技能水平和就业能力亟待提高。

4. 经济运行总体平稳，但发展速度变缓，下行的压力短时期内还难以改变，用工整体需求下降，进而极大地减少了由经济快速增长而带来的就业需求量的增加，影响了经济增长对就业的拉动效应。

我国促进就业工作的基本原则是什么？

我国促进就业工作的基本原则主要有以下几个方面：

1. 坚持促进就业与经济社会发展相结合。将促进就业放在经济社会发展的优先位置，作为保障和改善民生的头等大事，依靠经济发展带动就业增长，以扩大就业来促进经济持续发展，为转变经济发展方式提供有力保证。

2. 坚持促进就业与人力资源开发相结合。适应加快转变经济发展方式，推动发展向主要依靠科技进步、劳动者素质提高、管理创新转变的要求，强化人力资源开发，大力加强职业培训和创业培训，通过全面提升劳动者职业素质和就业能力扩大就业，提高就业质量。

3. 坚持发挥市场机制作用与政府促进相结合。充分发挥市场机制在人力资源配置中的基础性作用，消除制度性、体制性障碍，进一步强化政府在促进就业中的责任，将促进就业作为制定、实施和调整经济社会政策的基本目标，广泛动员社会各方面力量，特别是注意充分发挥工会、共青团、妇联、残联等社会团体作用，调动企业履行社会责任、扩大和稳定就业的积极性，共同做好就业工作。

4. 坚持促进企业发展与维护劳动者权益相结合。重视劳动者利益诉求，探索形成企业与职工利益共享机制，统筹处理好维护劳动者就业权利与维护劳动者劳动报酬、休息休假等权利的关系，通过构建和发展和谐稳定的劳动关系，促进实现扩大就业规模与提升就业质量的统一。

我国就业工作的目标是什么？

我国促进就业工作的目标如下：

1. 就业规模持续扩大，就业结构更加合理。城镇新增就业 4500 万人。转移农业劳动力 4000 万人。城镇就业比重逐步提高，三次产业就业结构更加优化。

2. 有效控制失业，保持就业局势稳定。城镇登记失业率控制在 5% 以内。将失业人员组织到就业准备活动中，使平均失业周期进一步缩短。实现对就业困难人员和零就业家庭人员就业援助的长效化。

3. 人力资源开发水平得到明显提高。劳动者得到有效培训机会，全国技能劳动者总量达到 1.25 亿人，其中高技能人才总量达到 3400 万人，占技能劳动者的比重达到 27%。专业技术人才总量达到 6800 万人。

4. 就业质量得到进一步提升。企业劳动合同签订率达到 90%，企业集体合同签订率达到 80%。形成正常的工资增长机制，职工工资收入水平合理较快增长，最低工资标准年均增长 13% 以上，绝大多数地区最低工资标准达到当地城镇从业人员平均工资的 40% 以上。劳动条件得到较大改善。社会保障制度覆盖所有劳动者，就业稳定性明显提高。

5. 统一规范灵活的人力资源市场基本形成。人力资源市场管理制度逐步统一。覆盖城乡的公共就业和人才服务体系进一步健全，全部街道、乡镇和城市 95% 以上的社区设立基层劳动就业服务平台。加快公共就业和人才服务信息网络建设，实现全国互联互通。

6. 劳动者权益保障机制更加完善。基层劳动关系协调工作体系进一步加强。全国乡镇（街道）基本实现劳动保障监察“网格化、网络化”管理。企业、街道、乡镇基层调解组织和劳动人事争议仲裁机构实体化建设基本完成，仲裁结案率达到 90%。

新时期就业工作的基本方针是什么？

就业促进法等法律法规确定，现阶段我国就业工作的基本方针是：以充分开发利用劳动力资源、统筹安排城乡劳动力为出发点，依靠社会各方面的力量，拓宽就业门路，促进再就业，实行劳动者自主择业、市场调节就业、政府促进就业，保持就业局势的稳定。

这一方针是根据中国基本国情和社会主义市场经济体制的要求，并基于 30 多年来改革实践而确定的。这一方针的实质就是充分利用和发挥我国劳动力资源丰富的优势，抓住经济发展和调整完善经济结构、所有制结构的机遇，完善市场就业机制，努力开发就业岗位，使我国绝大多数劳动者通过各种不同形式实现就业。

政府促进就业的含义是什么？如何发挥政府促进就业的作用？

政府促进就业，一是指政府促进宏观经济与就业的协调发展，通过发展经济，增加就业岗位；二是指通过制定积极的就业政策，健全和发展就业服务体系；三是指通过采取必要措施，帮助下岗失业人员和其他特殊群体实现再就业。这是现阶段中国就业方针的一个重要内容。

中国劳动力总量大，整体素质较低，经济结构调整和技术进步对劳动力的要求越来越高，扩大就业，缓解劳动力供求的矛盾，是一个长期的战略任务。在这个过程中，政府在促进就业再就业中的作用是很重要的。但在发展社会主义市场经济条件下，就业再就业还是主要依靠市场调节，各级政府不能包办，实际上也包不下来。现阶段，政府在促进就业再就业中的作用主要是：制定就业规划，引导和调节劳动力供求；实施积极的就业政策，对特殊困难对象实施就业援助；健全劳动力市场体系，依法维护劳动力市场秩序；提供就业服务和完善社会保障体系等。

市场调节就业的含义是什么？

市场调节就业，是指通过培育和发展劳动力市场，以市场机制为配置劳动力资源的基础性调节手段，实现用人单位和劳动者的双向选择。市场调节就业有利于劳动力在竞争中实现最优化配置，有利于劳动力不断提高其自身素质，有利于劳动力资源从总体上得到充分利用和开发。坚持市场调节就业的基本方向也是社会主义市场经济体制的内在要求。市场调节就业的目标主要是用人单位自主用人，劳动者自主就业，促进劳动者和用人单位相互选择，实现劳动力合理流动。

劳动者自主择业的含义是什么？

劳动者自主择业，是指劳动者进入劳动力市场，通过各种渠道自己寻找适合的职业。

劳动者的就业权利和择业自由是宪法所赋予的。劳动者自主择业，不但对劳动者个人，而且对解决我国的就业问题都十分重要。社会主义市场经济实践表明，只有劳动者彻底转变了依靠政府解决就业的传统观念，树立市场经济条件下自主择业的新观念，才能在市场竞争中处于有利地位，才能尽快实现就业和再就业，才能从根本上缓解社会的就业压力。自主择业不仅可以充分调动劳动者的主观能动性和聪明才智，还能减轻政府包揽就业的负担，而且有利于社会经济的发展。

什么是就业工作部际联席会议制度？

我国的就业任务十分繁重，就业群体多种多样，促进就业工作涉及社会方方面面，需要多个部门齐抓共管。为了加强对就业工作的领导和统筹协调，国务院建立了就业工作部际联席会议制度，各地也建立了相应的协调机制，对合力推进就业工作发挥了积极作用。就业促进法在总结实践的基础上，通过法律形式进一步明确了这一协调机制的工作任务和作用：

1. 国务院建立全国促进就业工作协调机制，研究就业工作中的重大问题，协调推动全国的促进就业工作；由国务院劳动行政部门具体负责全国的促进就业工作。

2. 省、自治区、直辖市人民政府根据促进就业工作的需要，建立促进就业工作协调机制，协调解决本行政区域就业工作中的重大问题。

3. 县级以上人民政府有关部门按照各自的职责分工，共同做好促进就业工作。

就业工作部际联席会议由哪些单位组成？

就业工作部际联席会议主要由人力资源和社会保障部、国家发展和改革委员会、教育部、监察部、民政部、财政部、建设部、农业部、商务部、中国人民银行、国务院国有资产监督管理委员会、国家税务总局、国家工商行政管理总局、国家统计局、中央机构编制委员会办公室、全国总工会、共青团中央和全国妇联 18 家单位组成，国务院办公厅参加。

就业工作部际联席会议议事规则是什么？

按照有关程序，国务院就业工作部际联席会议制定了议事规则。具体内容如下：

1. 国务院就业工作部际联席会议在国务院直接领导下，加强部门统一协调，及时通报各部门工作落实情况，分析工作中出现的新问题，研究解决政策难点，督促检查各地、各部门任务完成情况，更有力地指导和推动再就业工作开展。对再就业工作中的重大问题，及时向国务院报告。

2. 联席会议由人力资源和社会保障部为牵头单位，人力资源和社会保障部部长任召集人，国务院一位副秘书长参加。

3. 联席会议下设办公室，负责日常工作。办公室设在人力资源和社会保障部，设主任一名，副主任若干名，各成员单位一位司局级干部为办公室工作人员，各成员单位一位处级干部为联络员。

4. 联席会议一般每季度召开一次，确因工作需要可以随时召开。联席会议经人力资源和社会保障部请示国务院领导同志同意后，由召集人主持召开，联席会议组成人员及办公室工作人员参加，主要任务是：

（1）学习贯彻中共中央、国务院关于促进就业工作的指示和有关会议精神。

（2）各部门通报工作进展情况。

（3）讨论确定年度就业工作计划、任务指标和有关工作安排。

（4）分析研究就业中的新情况、新问题，提出政策措施和建议。

（5）其他需联席会议研究的事项。

5. 联席会议办公室会议一般在联席会议前或后一周召开，确因工作需要，可以随时召开。办公室工作人员及联络员参加，主要任务是：

（1）研究解决就业工作中属于工作层面的具体问题，为联席会议做好准备。

（2）研究联席会议议程，酝酿提交联席会议讨论的文件和工作事项。

（3）研究落实联席会议确定和交办的有关工作事项。

6. 联席会议充分听取各成员单位的意见，联席会议及其办公室会议召开前 2 个工作日，办公室负责将会议议题和拟讨论文件送达联席会议成员单位。

7. 对就业工作中的重大问题及对策建议，经联席会议审议通过并征得各成员单位同意，上报国务院。如遇有分歧，由召集人或联席会议办公室主任负责协调，协调后仍不能形成一致意见的，将有关单位意见和理由报国务院决定。

8. 每次联席会议全体会议结束后，形成《联席会议纪要》，纪要稿在征求各成员单位意见后，由联席会议召集人签发，印送联席会议组成人员，抄报国务院有关领导同志。联席会议各成员单位应努力完成会议议定事项。

9.《联席会议简报》由联席会议办公室每月编辑一期，简报稿征求办公室成员单位意见后，由联席会议召集人签发，印送联席会议成员单位，并上报国务院，必要时印发各省、自治区、直辖市人民政府。

10. 联席会议办公室负责建立就业工作信息数据库和文件资料档案，编印工作手册，接通各部门网上工作平台，并按各成员单位要求及时提供资料信息。

第三编
开发与拓展就业岗位

什么是开发就业岗位？

开发就业岗位就是通过发展经济、推动第三产业发展、鼓励发展非公经济和中小企业、发展劳务协作与劳务输出等措施，创造就业机会，增加就业岗位。开发就业岗位和经济工作的各个方面都有密切的关系，比如加快开拓农村市场，组织一批国有企业面向农村市场开发经营，组织城市下岗职工和暂时停业或开工不足的企业到农村搞技术、生产、销售和人员培训服务；再如加快中西部特别是西部地区的开发步伐，将一些暂时停产半停产的企业和一些下岗职工，有领导、有组织地投入到西部地区的开发；还可以加快实施“走出去”发展战略，组织一批有条件的国有企业出去投资办厂，通过到国外搞工程承包、资源开发和经济技术合作等方式，带动国内相关企业的发展。

什么是净增就业岗位？

净增就业岗位是地方就业工作的考核指标之一，主要反映辖区内就业人数的净增长。净增就业岗位反映在统计数字上，是实际从业人数的净增长。

我国重点开辟的就业门路有哪些？

我国重点开辟的就业门路大致有：

1. 全面落实鼓励、支持和引导个体、私营等非公有制经济发展的方针政策，认真贯彻执行国家关于发展第三产业和服务业的政策措施，在推动第三产业和多种所有制经济发展中广开就业门路。

2. 注重发展具有比较优势的劳动密集型行业和中小企业，增加就业容量。对就业容量大且有市场需求的行业，制定相应的鼓励增加就业的扶持政策。

3. 推进跨地区的劳务协作和对外劳务输出。鼓励资源开采型城市和独立工矿区按市场需求发展接续产业，引导劳动力转移就业。

4. 鼓励劳动者通过多种形式实现就业，加快完善和实施与灵活就业相适应的劳动关系、工资支付和社会保险等政策，为灵活就业人员提供帮助和服务。

5. 坚持城乡经济协调发展，调整农村经济结构，加快小城镇建设，引导和组织农村劳动力向非农产业转移和向城市有序流动。

什么是劳动密集型产业？

劳动密集型产业是国际上通用的一个概念。它是相对于资本和技术密集型产业而言的，指的是在生产发展过程中，占用劳动力较多，资本和技术的有机构成相对较低，劳动比重相对较大的这部分产业，一般为传统的产业、行业、企业和传统的产品生产。例如农业，养殖业，手工业，食品加工业，服装、鞋帽、皮革制品、玩具生产等轻工业，以及纺织业，印染业，花炮、家具生产，塑料、陶瓷、五金生产，工艺美术品生产等。房地产、植树造林、商业、服务业等也属于劳动密集型产业。我国是一个科技较落后，建设资金不足的国家，但劳动力资源和自然资源相当丰富，积极发展劳动密集型产业，对于发挥优势，扬长避短，促进经济发展是有意义的。

发展劳动密集型产业对解决我国就业问题有什么作用？

发展劳动密集型经济对广开就业门路，促进和扩大就业非常有意义。因为这一部分产业所需要的劳动力最多。我国又是一个人口众多、劳动就业压力长期存在的国家。扩大就业是我国当前和今后长时期重大而艰巨的任务。为了千方百计地扩大就业，改善人民生活，就要把发展劳动密集型产业、行业、企业、产品放在首要位置，当作我们重要的职责。在这个问题上，党和国家已经采取了一系列的方针政策，并且还要继续采取鼓励和支持的方针政策，我们的任务就是要多想办法，具体落实这些方针政策，使劳动密集型经济切实地发展起来，缓解就业压力。

为什么要大力发展中小企业？

发展中小企业不仅能够大量创造新的就业岗位，而且对于保持经济活力、提高效益、促进创造发明、提高竞争力有着非常重要的作用。美国、日本、德国等发达国家，中小企业数量占比也都在 90% 左右，中小企业在安置就业、产品出口、稳定社会等方面都发挥着主导作用。我国在工商部门注册的中小企业已占全部注册企业数的 99%，中小企业工业总产值、销售收入、实现利税和出口总额分别占总量的 60%、57%、40% 和 60% 左右，流通领域的中小企业占全国零售网点的 90% 以上，中小企业大约提供了 80% 的就业机会。中小企业在我国经济发展中所起的作用也越来越大。尤其近几年，随着国有企业结构的调整，中小企业在国民经济稳定增长、增加居民收入、增加地方税收、缓解就业压力、拉动民间投资、优化经济结构以及促进我国市场经济不断发展和完善等方面发挥了越来越重要的作用。因此，必须大力发展中小企业。

什么是民营经济?

民营经济属于非国有经济的范畴，是非国有经济中为民所有、为民经营的那一部分经济形式。具体讲，民营经济就是指个体、私营经济，是个体、私营企业的总称。就目前个体、私营企业的规模状况而言，民营经济的主体部分就是中小企业。在我国，民营经济，特别是民营中小企业，一直是增加就业的主渠道之一。

为什么要大力发展民营经济?

大力发展民营经济具有重大的现实意义:

1. 大力发展民营经济是深化经济体制改革的必然要求。公有制为主体，多种经济成分共同发展，是我国社会主义初级阶段的一项基本经济制度。当前，我国正加快改革的步伐，实施国有资本从一般性竞争行业退出，劣势国有企业从市场退出的策略，大力推进城市经营，把城市的建设和发展纳入市场化的轨道。改革的不断深化为民营经济发展创造了广阔的空间，同时也提出了更高的要求。

2. 大力发展民营经济是促进国民经济快速发展的重要途径。民营经济与市场紧密相连，能够充分动员和利用社会资源，具有广泛的适应性和强大的生命力。发达地区的经验证明，大力发展民营经济，是增加经济总量，增强经济活力，扩大地方财源，促进国民经济快速发展的重要途径。

3. 大力发展民营经济是解决就业问题的主要出路。民营企业涉及领域广，生产门类多，特别是其中的服务业很多属于劳动密集型企业，技术起点较低，投资少，易于创办，对企业者和劳动力就业的限制都较少，吸纳劳动力的容量相当大。

什么是第三产业？

第三产业是凭借一定的物质技术设备，为社会生产和人民生活服务的各种行业的总称。在我国，第三产业主要分为四个层次：

1. 流通部门。
2. 为生产和生活服务的部门。
3. 为提高科学文化水平和居民素质服务的部门。
4. 为社会公共需要服务的部门。

第三产业的蓬勃发展是生产力提高和社会进步的必然结果。第三产业的繁荣与发展程度的高低已成为衡量现代社会经济发达程度的主要标志之一。第三产业的兴旺发达是现代经济的一个重要特征。

我国为什么要大力发展第三产业？

在我国，积极发展第三产业具有重要意义：

1. 加快发展第三产业是加速经济发展、优化经济结构的战略措施，是国民经济迈上新台阶的一个决定性因素。第三产业的发展要以第一产业、第二产业的发展为基础，同时，也只有第三产业得到更快的发展，才能使产业结构逐步优化，促进社会再生产循环畅通。第三产业大多数行业耗能少、投入产出率高、发展潜力大。加快发展第三产业，可以降低经济发展的能源、运输、投资等需求弹性系数，从根本上改变经济增长的结构，实现少投入、高产出的增长。加快发展第三产业，可提高为第一产业、第二产业服务的能力和水平，进一步挖掘生产潜力，促进经济效益的提高。

2. 加快发展第三产业是建立社会主义市场经济体制的必要条件。社会主义市场经济要求充分发挥市场机制在资源配置中的基础性作用，第三产业中的许多行业都与市场体系的形成和发展紧密相关。因此，加快发展第三产业将为培育和发展市场体系、提供市场中介服务和保证市场正常运行创造条件，也将大大推动企业经营机制转换和分配制度、社会保障制度的改革，以及政府职能的转变。

3. 加快发展第三产业是进一步扩大对外开放的客观要求。发展第三产业有利于改善投资环境，为扩大利用外资和对外经济技术合作提供更广泛、优质的交通、通信、投资、贸易、金融、咨询等方面的服务；有利于建立促进进出口贸易和企业国际化经营的符合国际惯例的经济贸易制度；有利于在国际服务贸易日益发展的情况下，不断增强第三产业直接参与国际竞争的能力。

4. 加快发展第三产业是推进我国经济和社会现代化的强大动力。第三产业的发展标志着社会劳动分工和生产社会化水平的提高。尤其是科技、教育和信息业的发展已成为现代化大生产取得高效率、高效益的必要条件。第三产业中以高新技术为依托的新兴行业的发展将会给经济和社会发展带来质的飞跃。

5. 加快第三产业发展是扩大劳动就业和实现人民生活小康的重要途径。第三产业包含的行业多，劳动密集、技术密集、知识密集型行业并存，加快其发展，对拓宽就业门路，吸纳城镇新成长劳动力和机关、企事业单位富余人员的转移及农业劳动力向非农业转移具有重要作用。

同时，发展第三产业对扩大居民消费领域，提高人民生活水平和质量，缩小城乡差别也具有积极作用。

为什么说发展第三产业可以缓解我国就业难题？

我国的经济增长方式和经济结构正处在转型过程中，工业结构的调整、现代企业制度的建立以及农村劳动生产率的提高，“排挤”出大量的剩余劳动力，我国正面临着巨大的就业难题。大力发展第三产业不仅符合三大产业演进的规律，同时第三产业的就业弹性远远高于第一产业、第二产业，因此大力发展第三产业可以缓解我国就业难题。第三产业具有行业多、范围广、就业容量大的特点，它可以用较少的资金安排较多的劳动力就业。如重工业部门每安排一个人就业，国家需要增加 1 万元的固定资产，轻工业部门则需要增加 6000 元；而在商业、饮食业和其他服务行业，国家每投资 1 万元，就可以安排十几个人甚至几十个人就业。可见，发展第三产业是解决就业问题的途径。

我国发展第三产业的重点是什么？

我国发展第三产业的重点包括：

1. 投资少、收效快、效益好、就业容量大、与经济发展和人民生活关系密切的行业。

2. 与科技进步相关的新兴行业。

3. 农村的第三产业，主要是为农业产前、产中、产后服务的行业及为提高农民素质和生活质量服务的行业。

4. 对国民经济发展具有全局性、先导性影响的基础行业。

为什么要把社区服务业作为再就业的主攻方向？

促进再就业，关键要选准主攻方向。实践证明，我国就业和再就业的主攻方向只能从产业结构调整中去寻找。从产业结构调整方向看，就业岗位的主要增长点就在第三产业，重点在社区服务业。具体可以从三个方面来分析：

1. 从产业结构的国际比较来分析。统计表明，我国第三产业从业人员比重与发达国家甚至发展中国家相比，有较大差距。

据报道，目前我国第三产业从业人员占全部就业人员的比重为30%左右，而发展中国家的平均水平达到40%左右，发达国家高达60%以上。这说明我们第三产业的发展潜力还很大。发达国家的社区服务从业人员占就业总人口的20%—30%，而我国只有4%—5%。我们在这方面的发展潜力也很大。

2. 从人们对社区服务的实际需求上来看，社区居民家庭对社区服务业需求巨大。他们需要社区清洁、家电维修、上门送报、社区保安、房屋维修等服务，各项服务可以提供大量的临时就业机会。据测算，全国32个人口在百万以上的特大城市，43个人口在50万—100万的大城市对社区服务的需求可提供的就业机会至少应在1500万个以上。再加上192个中等城市和400多个小城市，潜力就更为可观。

3. 从失业人员再就业的实践分析。社区服务业对从业人员文化素质和职业技能的要求相对较低，绝大多数失业人员经过短期的职业培训就可以很快达到上岗要求。一项对沈阳等4城市6400名再就业人员的抽样调查结果表明，从事社区服务业的占38%。在北京、上海、江苏、南充等几个社区就业工作起步较早的地区，半数以上的失业人员是通过社区服务业实现再就业的。哈尔滨南岗区通过社区服务安置失业人员的比例达75%。由此可见，社区就业潜力巨大，天地广阔，大有可为。

如何多渠道开发社区就业岗位？

开发社区就业岗位的重点是，各地应结合社区居民多方面、多层次生活服务的需要，大力开发托幼托老、配送快递、修理维护等便民利民服务岗位，特别是面对居民家庭和个人的家政服务岗位；结合驻社区企业事业单位、政府机关剥离部分社会服务职能的需要，开发物业管理、卫生保洁、商品递送等社会化服务岗位；结合对企业退休人员实行社会化管理的需要，开发健身、娱乐、休闲以及老年生活照料等工作岗位；结合社区组织建设、公共管理和公益性服务的需要，大力开发社区治安、市场管理、环境管理、物业管理等社区工作岗位，特别是开发社区保洁、保安、保绿、车辆看管等社区公益性就业岗位，对下岗职工和失业人员中年龄较大、再就业困难且家庭收入低的人员实施就业援助。

按照中央提出的以市场化、产业化和社会化为方向，扩大就业，加快发展服务业的要求，鼓励和支持下岗职工和失业人员在社区组织起来就业和自谋职业，创办各种便民利民的社区服务企业等就业实体。各地应积极鼓励和帮助下岗职工和失业人员组织起来以个体、私营等各种经济形式，兴办投资少、机制灵活、适应性强的社区服务型小企业，从事社区服务，实现自谋职业；鼓励企事业单位、街道基层组织等兴办以安置下岗职工和失业人员为主的就业型中小企业、劳动就业服务企业等社区就业实体。劳动就业服务企业要适应市场、转变观念，拓展社区服务领域，努力提高吸纳就业的能力。

什么是家政服务？

传统意义上的家政服务又称家庭服务，就是通常所说的保姆工作。随着社会的发展，以家庭为服务对象的服务种类越来越多，因此，现在一般把家教、家庭钟点工、接送孩子上下学、帮助照顾老人、送餐配菜、搬家等服务统归为家政服务。随着经济的发展和社会的进步，人们在生活水平提高的同时，对家政服务的需求不断增大。中国城市对家政服务业的需求呈上升态势，这一行业的前景十分明朗，发展潜力巨大。在我国大中城市里，越来越多的家庭要求社会提供形式多样、质量满意的家政服务。发展家政服务业对改善人民生活具有重要作用，对开发就业岗位，特别是解决妇女就业问题，也具有积极作用。目前在城市中，大力发展家政服务业，并通过发展扩大就业，已具备相应条件。

从劳动力供给情况看，家政服务人员的供方市场是源源不断的。从产业结构调整进程看，城市服务业是具有巨大潜力的就业新领域。从家政服务的需求来看，在城市中，可以说是一个亟待开发的就业大市场。中国社会正在步入家庭的小型化、人口的老龄化、生活的现代化和劳动的社会化，这些都直接促使人们产生家政服务的需求。由于家政服务的需求产生于家庭的消费，因此，它可以在经济增长所容纳的就业岗位之外再增加新的就业机会；同时，它的发展还具有拉动有效需求、刺激消费的作用。因此，家政服务可以看作是当前乃至今后一个时期我国城市开发就业岗位的主要增长点。

我国家政服务基本原则和发展目标是什么？

1. 我国家政服务基本原则。立足国情，从现阶段实际出发，坚持市场运作与政府引导相结合，大力推进家政服务业市场化、产业化、社会化；坚持政策扶持与规范管理相结合，积极实施扶持家政服务业发展的产业政策，倡导诚信经营，加强市场监管，规范经营行为和用工行为；坚持满足生活需求与促进经济结构调整相结合，通过发展家政服务业，为家庭提供多样化、高质量服务，带动相关服务行业发展，扩大服务消费；坚持促进就业与维护权益相结合，努力吸纳更多劳动者，尤其是农村富余劳动力转移就业，妥善处理好家政服务机构、家庭与从业人员之间的关系，维护好从业人员合法权益。

2. 我国家政服务发展目标。建立完善发展家政服务业的政策体系和监管措施，形成多层次、多形式共同发展的家政服务市场和经营机构，家政服务供给与需求基本平衡；从业人员数量显著增加，职业技能水平不断提高，劳动权益得到维护。到2020年，惠及城乡居民的家政服务体系比较健全，能够基本满足家庭的服务需求，总体发展水平与全面建设小康社会的要求相适应。

如何统筹规划家政服务业发展？

1. 制定实施发展规划。根据国民经济和社会发展中长期规划及服务业发展主要目标，制定全国家政服务业中长期发展规划。各地区要根据国家规划和本地区实际情况制定本地区规划，明确发展目标和保障措施。各有关部门要制（修）定相关行业规划和专项规划。研究制定家政服务业发展评价体系，促进发展规划的实施。

2. 统筹各类业态发展。研究制定家政服务业发展指导目录，明确不同时期发展重点及支持方向。适应人口老龄化和生活节奏加快的趋势，重点发展家政服务、养老服务、社区照料服务和病患陪护服务等业态，满足家庭的基本需求；加快基本养老服务体系建设，积极发展社区日间照料中心和专业化养老服务机构，支持社会力量参与公办养老服务设施的运营，开展多层次的养老服务；鼓励发展残疾人居家服务；适应经济社会发展水平和居民消费变化，因地制宜发展家庭用品配送、家庭教育等业态，满足家庭的特色需求；结合社会主义新农村建设，逐步发展面向农村尤其是中心镇的家政服务。

3. 培育家政服务市场。以非公有制经济为主体，鼓励各种资本投资创办家政服务企业。除法律、行政法规另有规定外，对设立家政服务企业不得提高注册资本最低限额。推进家政服务领域对外开放，积极引进境外投资。鼓励各种社会力量创办民办非企业单位和个体经济组织提供家政服务，支持工会、共青团、妇联和残联等组织利用自身优势发展多种形式的家政服务机构。鼓励家务劳动社会化，积极扩大家政服务需求。政府面向困难群众提供的家政服务类公共产品，要按照市场机制向社会购买。各地区家政服务市场要向外地企业开放，不得设置市场壁垒。

4. 推进公益性信息服务平台建设。设立区域性家政服务电话呼叫号码，整合资源，增加投入，实施家政服务业公益性信息服务平台建设工程。充分发挥各方面信息资源的作用，利用公共服务电话、互联网等扩大信息覆盖面和服务范围，为家庭、社区、家政服务机构提供公益性服务，实现互联互通、信息共享。依托家政服务业公益性信息服务平台，健全供需对接、信息咨询、服务监督等功能，整合各类家政服务资源，对家政服务机构的资质、服务质量进行监督评价，形成便利、规范的家政服务体系。

5. 发挥社区的重要作用。实施社区服务体系建设工程，统筹社区内家政服务业发展。根据各类服务特点，将洗染、废旧物资回收利用、家用电器及其他日用品修理、社区保洁、社区保安等需要就近提供的家政服务站点纳入社区服务体系建设之中。合理布局，扶持社区内家政服务业场所建设，通过依托各类社区服务设施改造建设、以奖代补等方式，为家政服务机构提供场所设施。鼓励不设服务场所的各类家政服务机构与医疗服务机构、社区管理和服务机构等加强合作，增强可持续发展的能力。支持大型家政服务企业运用连锁经营等方式到社区设立各类便民站点。加快社区综合信息服务平台建设，支持社区居民自治组织为家政提供信息服务，支持社会组织开展互助志愿服务活动。

发展家政服务业有哪些扶持政策？

1. 鼓励各类人员到家政服务业就业、创业。把发展家政服务业与落实各项就业扶持政策紧密结合起来，完善促进就业政策体系，鼓励农村富余劳动力、就业困难人员和高校毕业生到家政服务业就业、创业。对各类家政服务机构招用就业困难人员，签订劳动合同并缴纳社会保险费的，按规定给予社会保险补贴。对在家政服务业灵活就业的就业困难人员，按规定给予社会保险补贴。对自主创业从事家政服务业的农民工、高校毕业生和就业困难人员，按规定提供开业指导、创业培训、小额担保贷款、人事劳动档案保管和跟踪服务等“一条龙”服务。高校毕业生从事家政服务业的，在报考公务员、应聘事业单位工作岗位时可按有关规定视同基层工作经历。鼓励开发家政服务业公益性岗位，安排就业困难人员。落实促进残疾人就业的有关政策，鼓励和扶持具备劳动能力的残疾人从事家政服务业。

2. 加强就业服务。强化覆盖城乡的公共就业服务体系，特别是加强街道、乡镇、社区就业服务平台建设，为家政服务从业人员免费提供政策咨询、就业信息、职业指导和职业介绍服务，为家政服务机构招聘人员和家庭雇佣家政服务员提供推荐服务。在全国劳动力主要输出地区，整合并提升现有劳务基地资源，培育和扶持具有本地特色的家政服务劳务品牌，强化输出地与输入地的对接，促进有组织的劳务输出。

3. 积极发展中小型家政服务企业。充分发挥中小型家政服务企业在行业发展中的骨干作用。地方各级人民政府和有关部门要将国家关于促进中小企业发展的政策措施落实到家政服务企业，为企业设立、经营等提供便捷服务，将符合条件的企业纳入中小企业发展专项资金、小企业创业基地和中小企业信息服务网络给予积极扶持。加大对中小型家政服务企业的多元化融资支持，拓宽融资渠道，扩大信贷抵押担保物范围，建立健全信用风险分散转移机制，推进金融产品和服务方式创新。鼓励兴办从事家政服务的个体经济组织，为家庭提供灵活多样的服务，在行业发展中起到重要补充作用。切实减轻企业负担，严肃查处乱收费、乱罚款及各种摊派行为。

4. 支持一批家政服务企业做大做强。积极引导有条件的家政服务企业规模化、网络化、品牌化经营，在行业发展中发挥带动作用。支持企业通过连锁经营、加盟经营、特许经营等方式，整合服务资源、扩大服务规模、增加服务网点、建立服务网络，除有特别规定外，企业设立连锁经营门店可持规定的文件和材料，直接到所在地工商行政管理机关申请办理登记手续。支持符合条件的企业按照相关规定进入境内外资本市场融资。支持家政服务企业建立和完善现代企业制度，积极开展技术、管理和服务创新，加强品牌开发、宣传和推广，形成有竞争力的知名品牌。

5. 加大对家政服务业的财税扶持力度。充分利用服务业发展专项资金和引导资金，将家政服务业作为促进服务业发展的支持重点，进一步加大支持力度。中央和地方用于社会事业和民生工程的资金，要将发展家政服务业纳入扶持范围。落实扶持中小企业发展的税收优惠政策，按有关税收政策规定，对符合条件的小型微利企业给予税收优惠。中小型家政服务企业缴纳城镇土地使用税确有困难的，可按有关规定向省级财税部门或省级人民政府提出减免税申请；中小型家政服务企业因有特殊困难不能按期纳税的，可依法申请在 3 个月内延期缴纳；对符合条件的员工制家政服务企业给予一定期限（3 年）免征营业税的支持政策。从事家政服务的个体经济组织符合条件的，可以按照现行有关规定享受免收行政事业性收费优惠政策。

6. 实施促进家政服务业发展的其他政策措施。支持商业保险机构开发家政服务保险产品，推行家政服务机构职业责任险、人身意外伤害保险等险种，防范和化解风险。制订土地使用总体规划，城市总体规划要充分考虑家政服务业发展需要，搬迁关闭不适应城市功能定位的工业企业，而退出的土地要在供地安排上适当向养老服务等家政服务机构倾斜。城市新建居住小区要预留规划面积，优先考虑家政服务业站点发展的需要。完善价格政策，使养老服务机构与居民家庭用电、用水、用气、用热同价，其他家政服务机构逐步实现不高于工业用电、用水、用气、用热价格。

如何规范家政服务业市场秩序？

规范家政服务业市场秩序具体内容有：

1. 开展服务标准制（修）定和贯彻实施工作。研究制（修）定家政服务各业态服务标准，推进服务标准化试点，逐步扩大标准覆盖范围。各地区、行业协会和企业要积极开展标准化工作，切实抓好家政服务业国家标准、行业标准和地方标准的贯彻实施。按照让家庭满意、让从业人员满意的要求，推行服务承诺、服务公约、服务规范，提高服务质量。

2. 加强市场监管。依法规范家政服务机构从业行为，开展市场清理整顿，加强市场日常监管，严肃查处违法经营行为，坚决取缔非法职业中介，维护家庭消费者合法权益。制定家政服务机构资质规范，设立家政服务机构或其他组织拟从事家政服务经营的，须向有关部门备案。

3. 完善行业自律机制。大力加强家政服务业行业协会建设，在开办经费、办公场地、人员配备等方面给予扶持，为协会开展行业交流、人才培训、行业自律等工作提供有利条件。行业协会要在政府主管部门指导下，推动家政服务机构开展规范化建设，拟定行业服务公约和家政服务协议示范文本，开展服务质量评定、调解服务纠纷、调查处理违反行规行为，并配合有关部门开展行业统计、制定行业服务标准和行业工资指导价位。

4. 积极推进诚信建设。大力开展家政服务从业人员职业道德教育、家政服务机构诚信经营教育和家庭守信教育，形成供需各方相互信赖、安全可靠的市场环境。要将职业道德作为从业人员岗前培训的内容。逐步健全失信惩戒和守信褒扬机制，在家政服务机构资质评级以及日常监管、表彰奖励中，要重点考核诚信经营情况，将家政服务供需各方诚信情况纳入社会征信体系，并与其他部门的诚信记录联网。

什么是劳务协作？

劳务协作，是指企业与行业劳动管理机构，根据富余人员自身意愿和实际条件以及企业、行业劳务余缺情况，进行劳务交流和合作的一种形式。劳务协作双方应就劳务人员工资待遇、社会保险费缴纳等签订相应协议，保障企业富余人员的合法权益。参加劳务协作的富余人员的劳动关系仍可保留在原企业，并不须与新企业签订劳动合同；富余人员的工资待遇标准由劳务协作双方协商确定，劳务报酬由富余人员所在企业直接发给本人；富余人员的养老、医疗、失业等社会保险费用，社会统筹部分由下岗职工所在原企业缴纳，个人账户部分由富余人员本人缴纳。

什么是劳务输出？

劳务输出是劳动力空间流动的形式，是一条重要的就业门路。劳务输出包括国际劳务输出和国内劳务输出两种形式。

国际劳务输出是指劳务出口国（输出国）向劳务进口国（输入国）提供劳动力或者服务，以谋取经济利益，获得外汇收入。劳务出口可以说是一种无形的劳务贸易。国际劳务输出包括的内容比较广泛，主要有建筑工程、交通运输、专业技术、电脑电信、保险、银行、旅行游览、租赁、广告咨询等的管理与服务。实施“走出去”战略，扩大国际劳务输出，对缓解就业压力具有积极作用。各地可采取有效的措施，鼓励各类企业通过不同形式“走出去”，到境外投资，开拓市场，以此带动货物贸易、服务贸易和技术贸易的发展，外派更多的劳务人员。

国内劳务输出是指劳务输出地向劳务输入地提供劳动力或者服务，以获得经济收入。它最初是从农村剩余劳动力向城镇转移开始兴起的，近几年已逐步延伸到下岗失业人员再就业工作中，输出的流向和组织形式也发生了新的变化，呈现多样化的特征。国内劳务输出的输出地主要是农村和贫困地区，输出的主要是工程性劳务、服务性劳务和技术性劳务。国内劳务输出是实现劳动力资源合理利用的重要形式，对解决农村富余劳动力就业，对促进下岗失业人员再就业，对满足劳动力不足地区的需求，对加速基本建设，促进经济全面发展都具有重要意义。大力发展国内劳务输出已经是大势所趋。

什么是劳务派遣？

劳务派遣是我国劳务经济中比较新的一种形式，也是目前发展最快的一种形式。劳务派遣，是指用人单位以经营方式将招用的劳动者派遣至其他用人单位使用，由用人单位直接对劳动者的劳动过程进行管理的一种用工形式。

在这一活动中，“劳务派遣”组织既不从事生产、经营，也不承包工程、项目，而是把一些劳动者组织起来，并将其输送到其他企业。在这里，劳动者虽是企业的职工，但不在企业里工作；劳动者在用人单位工作，并接受相关的管理，但不属于用人单位的人。与其他劳务经济形式相比较，劳务派遣有两个最大的特点：一是劳动者是派遣公司的职工，与派遣公司存在劳动合同关系，这与劳务中介、劳务代理不同；二是派遣公司只从事劳务派遣业务，不承包项目，这与劳务承包不同。

劳务派遣是市场经济条件下市场主体自发选择的结果，是20世纪90年代以来，随着市场经济的日益成熟以及用工制度改革的深度推进而产生的。从国内外的经验看，劳务派遣对促进就业再就业有很大的作用，应该大力发展。

劳务派遣在促进就业方面有什么作用？

一般来说，劳务派遣对用人单位的主要作用体现在：

1. 帮助用人单位减少劳动用工招聘环节，省工、省时。
2. 减少用人单位与劳动者间的劳资纠纷。
3. 避免员工随意跳槽而造成损失，稳定员工队伍。
4. 避免雇用正式工带来种种麻烦和由此增加成本。
5. 用工灵活，可随时雇用合格的劳动力。

劳务派遣对劳动者（被派员工）的作用表现在：

1. 能为员工办理就业录用手续，建立相对稳定的劳动关系。
2. 避免用人单位不与劳动者签订劳动合同。
3. 避免拖欠克扣员工工资现象。
4. 为员工办理社会保险，解除员工后顾之忧。
5. 避免强迫劳动、限制人身自由等侵权行为。
6. 能参加职业培训，提高劳动技能和综合素质。
7. 若被辞换，派遣公司可另行派遣，缩短失业时间。

从我国的实践看，劳务派遣促进就业的作用体现在以下几个方面：一是调节了劳动力市场供求，增加市场的灵活性，使劳动力资源得到最大限度的利用；二是使流动就业组织化，极大地促进了我国农村劳动力向城镇非农产业有序转移；三是使灵活就业组织化，解决一大批下岗失业人员灵活就业的问题；四是提高用工效率，满足企业对灵活用工的需求，进而提高企业的经济效益。

什么是“退二进一”？

所谓“退二进一”，是指一部分职工退出第二产业，进入第一产业工作。从10年来再就业工作的实践看，一些下岗失业人员通过有组织地上山下乡，开垦荒地、荒山、荒水、荒滩实现再就业，是一种比较有成效的措施。如煤炭行业充分发挥资源优势，积极发展第一产业，开辟了人员分流的“第二战场”。煤矿职工大多来自农村，务农务牧从事第一产业有一定的经验和基础，且发展第一产业投资少，见效快，就业容量大。一些煤炭企业充分利用当地土地、山林、河滩、水面等独特的自然资源优势，大力发展种植业、养殖业，不但壮大了经济实力，而且分流了大量的下岗失业人员。为了鼓励下岗职工进入第一产业实现再就业，国家明确规定，在一些边远地区和矿区可以采取相应政策，鼓励下岗职工开发荒山、荒水、荒地、荒滩，从事农、牧、渔、林业生产。一些地方还出台了减免土地使用费，免缴农业税和农业特产税，金融机构酌情给予贷款等不少政策。

什么是企业、行业间的劳动力余缺调剂？

企业、行业间的劳动力余缺调剂，是指企业和行业根据本企业和行业职工富余或短缺的情况，在两个或两个以上企业之间进行职工余缺互补和交流。它通常包括换岗、轮岗和劳务协作三种方式。

什么是企业内部退养?

企业内部退养，是指有条件的国有企业对距国家规定的退休年龄不足 5 年的下岗职工，经本人同意，保留其劳动关系，由企业发给基本生活费，待其达到法定退休年龄时，再办理退休手续，按规定享受相应待遇。凡距国家规定的法定退休年龄不足 5 年的，并经当地劳动和社会保障部门认定的下岗职工均可办理企业内部退养手续。

内部退养与提前退休不同。首先，身份性质不同。提前退养人员因其劳动关系还在企业，所以身份还是企业在职人员；提前退休人员因按退休对待，所以身份已是企业退休人员。其次，享受待遇不同。提前退养人员领取由企业发放的基本生活费，发放的标准由地市级以上人民政府制定；提前退休人员领取按国家规定标准发放的退休金。最后，权利义务不同。提前退养人员有要求企业保留其劳动关系、为其缴纳社会统筹养老保险金，领取基本生活费等项权利，同时也有按规定缴纳社会保险费用等项义务；提前退休人员享有国家规定的退休人员的权利和义务。

什么是组织起来就业?

组织起来就业，又称自愿组织起来就业，是我国就业的一种形式。20 世纪 80 年代初期，我国提出自愿组织起来就业，主要是鼓励返城知青组织起来，创办各种类型的自负盈亏的合作社或合作小组。这种就业形式在当时安置返城知青，缓解就业压力，促进社会稳定等方面起到了很好的作用，并一直延续下来。

为帮助失业人员和下岗职工自己组织起来就业，国家颁布了一系列政策，明确了自愿组织起来就业的办法。当前，组织起来就业的主体是失业人员和下岗职工，最初的形式是通过自愿组合、自筹资金举办合作社或合作小组，现在的主要形式是举办合作企业或合伙企业，其经营范围包括商业、服务业、工业、建筑业和其他行业。国家对组织起来就业制定了一系列的扶持政策，比如，工商、城建等部门要予以减免工商管理等行政性收费，对符合产业政策、产品适销对路的，金融机构酌情给予贷款支持，地方财政要给予贷款贴息，等等。地方也出台了许多鼓励政策，如有的地方规定，创办这类企业的资金可从就业经费中筹集一部分；有的地方还规定，对组织起来就业，银行可给予低息贷款，或从失业保险及再就业基金中借给一部分。

什么是自谋职业？

自谋职业是我国公民实现就业的重要途径，是指劳动者通过从事个体工商经营、开办私营企业和进行合伙经营而实现就业的行为。随着市场经济的发展，自谋职业越来越受到重视，并在安置下岗失业人员中发挥了越来越大的作用。据统计，自谋职业和自主创业是下岗失业人员再就业的重要方式，在已经实现再就业的下岗失业人员中，约有 30% 是通过自谋职业实现再就业的。国家大力支持和鼓励下岗失业人员通过自谋职业实现再就业，并为此出台了大量的优惠政策和采取了许多措施。

与我国的做法相似，一些西方国家也通过多种措施来激励和支持失业人员自谋职业。这些措施主要包括两个方面，一是提供经济上支持；二是提供职业信息、咨询和培训，提高失业人员的求职和创业能力。

什么是灵活就业？

灵活就业是相对于正规就业而言的一种就业形式。它包括多种表现方式，如非全日制就业、小时工、弹性工时、临时性就业、季节工、非正规就业、阶段性就业等。灵活就业与正规就业相比，在劳动关系、工资支付、社会保险和就业服务等方面有不同的特点和要求。

就业形式的多样化是社会经济发展的必然趋势，灵活就业也是就业。在市场经济条件下，无论工作时间长短，工作报酬多少，劳动者只要通过参加社会劳动，获得合法收入或报酬，都是就业。政府鼓励和引导多种灵活就业形式的发展，并希望借此广开就业门路，增加就业岗位。政府鼓励劳动者通过灵活就业的方式实现就业，并且提供相应的服务和帮助。

什么是弹性就业？

弹性就业，是指不限时间、不限收入、不限场所的灵活多样的就业形式。它是相对于全日制就业形式而言的。弹性就业包括非全日制就业、临时就业（如短期就业、季节就业、承包就业、传呼就业、独立就业）、派遣就业（雇佣型派遣就业和登记型派遣就业）、钟点工等。按照这个定义，社区内的下岗失业人员在社区从事家政服务和规定范围内的社区服务项目，取得合法劳动收入，与社区居民形成服务关系的就业形式也属于弹性就业。

什么是隐性就业？

隐性就业是一种特殊的就业形式，意指劳动者失业或下岗以后，一边领取失业保险金或下岗职工基本生活费，一边从事有收入的就业。这种就业形式有待加强管理和规范。

什么是非正规就业？

非正规就业是外来语，国外一般称为非正规部门或非正规组织形式就业。它是在国际劳工局第 169 号就业建议书中首次提出并使用的概念。国际劳工局第 169 号就业建议书指出：国家就业政策应该承认非正规部门在提供工作岗位方面的重要性。所谓的非正规就业实际上指的就是那种无法或暂时无法建立劳动关系的就业形式，比如便民利民服务，市容环境建设中的公益性劳动，为企事业单位提供各种临时性、突击性服务，以及家庭手工业、工艺作坊等形式进行生产自救，等等。

为了鼓励非正规就业的发展，许多地方制定了一些优惠政策，如简化工商登记手续，3 年内对从事社区服务活动取得的收入暂时免征营业税，免行政性收费。一些地方规定 3 年内减免市财政部门规定的各种地方税费和养老、医疗保险以外的各种收费。对非正规就业实行优惠政策，不仅可以吸收一部分下岗职工，扩大社区服务的领域和能力，而且提高了从事非正规就业者竞争就业的能力。

什么是阶段性就业？

阶段性就业，是指劳动者在职业生涯中，自愿退出社会劳动一个阶段后，再参加社会劳动的一种就业形式。它是与终生就业相对应的。我国目前存在的在职人员脱产上学，实际上就是阶段性就业的一种形式。

近年来，一些专家学者提出，妇女在生育期和幼儿的成长期可以在家承担哺育子女的职责而暂时退出社会劳动，待子女上幼儿园或上学后再去社会上就业，这也是阶段性就业的重要形式之一。

什么是缩短工时？

缩短工时是西方一些国家为扩大就业而采取的一项措施。缩短工时是指缩短每个就业者的工作时间，腾出部分就业空间供更多的人就业。如德国已将每周法定工作时间降到 37 小时，有些州甚至降到 35 小时；法国在 20 世纪 80 年代初将每周工作时间由 40 小时减少到 39 小时，现在又准备进一步降到每周 35 小时，同时给工薪者增加每年度的第五周带薪假期。

什么是部分工作时间制？

这是西方一些国家为扩大就业而采取的一项措施。部分工作时间制是指在某些行业中实行部分工作时间制，即改变那种必须每周工作 5 天，每天工作 8 小时的方式，经劳资双方协商一致后，就业者可在每天、每周甚至每年灵活安排、分配其工作时间。这在西方发达国家较普遍。如瑞典部分工作时间制的工作者占就业人口的 20%，英国甚至达到 40%。

什么是临时性工作？

临时性工作，是指政府或企业向失业人员提供临时性的工作岗位。这是西方国家为促进失业人员再就业而采取的一项主要措施。如在俄罗斯，针对失业率过高而国内经济仍不景气的情况，政府劳动主管部门通过与当地企业和社区合作，向失业者提供临时性的就业机会，就业领域包括社会公益事业（城市绿化、卫生、道路维修、保养等）、货物搬运、商品零售、物业管理、报刊发行等。在一些经济困难地区，提供临时就业机会的企业可免缴或少缴失业保险费。据统计，1995 年俄罗斯参加临时性工作的失业者共有 35 万人之多。为了提高临时性工作的经济效益和社会效益，1996 年 6 月俄罗斯颁布了一项新的就业计划，逐步建立专门的赢利性社会服务企业。法国、德国、荷兰、西班牙等国在 20 世纪 80 年代新创造的就业岗位中，有一半以上属于临时或短期合同工。

第四编

创业带动就业

什么是创业？

所谓创业，又称自主创业，是指劳动者主要依靠自己的资本、资源、信息、技术、经验以及其他因素自己创办实业，解决就业问题。就业促进法将鼓励劳动者自主创业、自谋职业作为重要内容。

实施创业带动就业工作有何意义？

创业是劳动者通过自主创办生产服务项目、企业或从事个体经营实现市场就业的重要形式。创业是扩大就业的发动机。劳动者通过创业，在实现自身就业的同时，吸纳带动更多劳动者就业，促进了社会就业的增加。创业对就业具有倍增效应。当前及今后一个时期，我国就业形势依然严峻，促进以创业带动就业，有利于发挥创业的就业倍增效应，对缓解就业压力具有重要的现实意义。以创业带动就业工作是实施扩大就业发展战略的重要内容，是新时期实施积极就业政策的重要任务。各地区、各有关部门要高度重视，通过政策支持和服务保障，优化创业环境，鼓励和扶持更多劳动者成为创业者。

以创业带动就业的工作原则是什么？

按照人社部等有关部门《关于促进以创业带动就业工作的指导意见》的要求，各地要坚持政府促进、社会支持、市场导向、自主创业的基本原则，强化创业服务和创业培训，改善创业环境，加快形成政策扶持、创业培训、创业服务三位一体的工作机制，不断激发劳动者的创业激情，增强创业意识，鼓励更多的城乡劳动者通过自主创业实现就业。

创业的重点领域和主体是什么？

按照人力资源和社会保障部（以下简称人社部）等有关部门《关于促进以创业带动就业工作的指导意见》的规定，创业的重点领域是科技型、资源综合利用型、劳动密集型、农副产品加工型、贸易促进型、社区服务型、建筑劳务型和信息服务型等产业或行业。同时，鼓励和支持个体私营等非公有制经济和中小企业发展，扩大创业领域。

创业主体是高校毕业生、失业人员和返乡农民工等。同时，积极采取措施促进军队复员转业人员、留学回国人员等创业。

在市场准入方面对创业有哪些优惠政策？

按照人社部等有关部门《关于促进以创业带动就业工作的指导意见》的要求，各地要加快清理和消除阻碍创业的各种行业性、地区性、经营性壁垒。法律、法规未禁止的行业和领域向各类创业主体开放，国家有限制条件和标准的行业和领域平等对待各类创业主体。在法律、法规规定许可的范围内，对初创企业，可按照行业特点，放宽准入条件。按照法律法规规定的条件、程序和合同约定允许创业者将家庭住所、租借房、临时商业用房等作为创业经营场所。扩大政府采购范围，制定促进小企业发展的政府采购优惠政策。各地区、各有关部门可根据实际情况，适当放宽高校毕业生、失业人员以及返乡农民工创业的市场准入条件。

在行政性收费方面对创业有哪些扶持政策？

按照人社部等有关部门《关于促进以创业带动就业工作的指

导意见》的要求，各地要全面实行收费公示制度和企业缴费登记卡制度，禁止任何部门、单位和个人干预创业企业的正常经营，严格制止乱收费、乱摊派、乱罚款、乱检查、乱培训行为。

进一步清理和规范涉及创业的行政审批事项，简化立项、审批和办证手续，公布各项行政审批、核准、备案事项和办事指南，推行联合审批、一站式服务、限时办结和承诺服务等，开辟创业“绿色通道”。

依法保护创业者的合法私有财产，对严重侵犯创业者或其所创办实体合法权益的违法行为，有关部门要依法查处。对创业者提出的行政复议申请，政府部门要及时受理，公平对待，限时答复。

登记失业人员、残疾人、退役士兵，以及毕业 2 年以内的普通高校毕业生从事个体经营的，要按有关规定，自其在工商部门首次注册登记之日起 3 年内，免收管理类、登记类和证照类等有关行政事业性收费。

自主创业可以享受哪些金融方面的优惠政策？

按照人社部等有关部门《关于促进以创业带动就业工作的指导意见》的要求，各地要拓宽融资渠道。积极推动金融产品和金融服务创新，支持推动以创业带动就业。积极探索抵押担保方式创新，对于符合国家政策规定、有利于促进创业带动就业的项目，鼓励金融机构积极提供融资支持。全面落实小额担保贷款政策，创新管理模式，提高贷款服务的质量和效率，并进一步加大对符合条件的劳动密集型小企业的支持力度。鼓励和支持发展适合农村需求特点的多种所有制金融组织，创新农村贷款担保模式，积极做好对农民工返乡创业的金融服务。建立健全创业投资机制，鼓励利用外资和国内社会资本投资创业企业，有条件的地区可设立各种形式的创业投资引导基金，引导和促进创业投资企业的设立与发展。

自主创业申请小额担保贷款额度是多少？贷款期限有多长？

国家规定对符合条件自主创业的，可在创业地按规定申请小额担保贷款；从事微利项目的，可享受不超过 5 万元贷款额度的财政贴息扶持。各地区对申请小额担保贷款额度有不同规定。对合伙经营和组织起来就业的，可根据需要适当提高贷款额度。

小额担保贷款的期限一般不超过 2 年，可展期 1 年。

哪些项目属于微利项目？

微利项目，是指下岗失业人员在社区、街道、工矿区等从事的商业、餐饮和修理等个体经营项目，具体包括：家庭手工业、修理修配、图书借阅、旅店服务、餐饮服务、洗染缝补、复印打字、理发、小饭桌、小卖部、搬家、钟点服务、家庭清洁卫生服务、初级卫生保健服务、婴幼儿看护和教育服务、残疾儿童教育训练和寄托服务、养老服务、病人看护、幼儿和学生接送服务。但具体哪些属于微利项目，还须由各省、自治区、直辖市人民政府结合当地实际情况确定，并报财政部、中国人民银行、人力资源和社会保障部备案。对于从事微利项目的，财政据实全额贴息，展期不贴息。

什么是创业培训？

创业培训是对具有创办小企业意向的人员和小企业经营管理者进行企业创办能力、市场经营素质等方面的培训，并对他们在企业开办、经营过程中给予一定的政策指导，其目的是通过提高企业创办者创业的心理、管理、经营等素质，增强参与市场竞争和驾驭市场的应变能力，使小企业创办者在成功地创办企业，解决自身就业问题的同时，创造和增加社会就业岗位，帮助更多的人实现就业或再就业。

创业培训的对象可以是失业人员、院校毕业生，也可以是农村准备向非农产业转移的人员或返乡创业人员。只要有创业愿望和一定的创业能力，都可以申请参加开办企业的培训。有条件的地方，也可对已经是企业主，但需要提高经营能力的人员进行提高培训。培训后实现创业分为创办企业和自谋职业两种形式。前者要在工商部门办理私营企业注册登记，后者是指在工商部门办理个体营业执照或在社区开办非正规就业组织。

参加创业培训的创业者如何获得培训补贴？

按照人社部等有关部门《关于促进以创业带动就业工作的指导意见》的要求，各地要建立满足城乡各类劳动者创业的创业培训体系，扩大创业培训范围，逐步将所有有创业愿望和培训需求的劳动者纳入创业培训。加强普通高校和职业学校的创业课程设置和师资配备，开展创业培训和创业实训。落实职业培训补贴政策，对参加创业培训的创业者，按有关政策规定，给予职业培训补贴。对领取失业保险金人员参加创业培训的，其按规定享受的职业培训补贴由失业保险基金开支。

创业培训应遵循哪些原则？

创业培训作为一种较高形式的就业能力培训，应遵循四个原则：

1. 实用性原则。围绕创办企业所需具备的知识、能力来确定教学内容，有关知识以够用为度，并侧重于方法的掌握。

2. 实践性原则。注重通过实践性教学环节，指导学员有效合理地运用创业知识和方法进行创办企业的实际运作。

3. 适用性原则。指导教师应掌握学员的基本情况，对学员的创业心理、创业环境、创业条件和创业能力全面了解，针对培训对象的实际情况和短期培训的特点选择适用的教学方法。

4. 灵活性原则。针对学员接受程度、教学内容、教学重点，为实现培训目标采取灵活多样的教学方式。

创业培训可以采取哪些培训形式？培训期限有多长？

创业培训形式可以灵活多样，大体上主要分三个阶段：

第一阶段为基本知识和方法学习阶段。对学员实行具有针对性和实用性的教学，促使学员提高创业素质和创业能力，增强适应市场和承担风险的能力。

第二阶段为咨询辅导阶段。主要是由咨询委员会专家对学员进行个性化和针对性的辅导和咨询，使学员能够准确把握创业运作方向。第二阶段的部分内容与第一阶段的部分内容可以结合进行。

第三阶段为后续扶持阶段。在学员进入创办企业的实际运作过程后，由专家咨询委员会或指导教师对学员在实际创业中遇到的问题提供咨询、指导，协调相关部门提供扶持和帮助。

创业培训以帮助学员实现创业为目标，培训期限可根据实际需要灵活确定。第一阶段培训时间一般可掌握在 2 个月到 3 个月（课堂教学总时数约为 120 学时以内，周课时数可根据实际自行确定）；第二阶段的时间一般可掌握在 2 个月到 3 个月；第三阶段的时间视学员创业的实际需要而定，可长可短，一般持续 4 个月到 6 个月。享受创业培训补贴者必须接受至少 3 个月的创业培训。

如何加强创业培训？

1. 加大培训力度。要建立满足城乡各类劳动者创业的创业培训体系，扩大创业培训范围，逐步将所有有创业愿望和培训需求的劳动者纳入创业培训。要加强普通高校和职业学校的创业课程设置和师资配备，开展创业培训和创业实训。落实职业培训补贴政策，对参加创业培训的创业者，按有关政策规定，给予职业培训补贴。对领取失业保险金人员参加创业培训的，其按规定享受的职业培训补贴由失业保险基金开支。

2. 提高培训质量。要从规范培训标准、提高师资水平、完善培训模式等方面入手，不断提高创业培训的质量。要定期组织开展教师培训进修、研讨交流活动，加强师资力量的培养和配备，提高教育水平。采用案例剖析、知识讲座、企业家现身说法等多种方式，增强创业培训的针对性和实用性。根据不同群体的不同需求，开发推广创业培训技术，不断提高创业成功率。

3. 建立孵化基地。地方各级人民政府要统筹安排劳动者创业所需的生产经营场地，搞好基础设施及配套建设，优先保障创业场地。可在土地利用总体规划确定的城镇建设用地范围内，或利用原有经批准的经济技术开发区、工业园区、高新技术园区、大学科技园区、小企业孵化园等建设创业孵化基地，为进入基地的小企业提供有效的培训指导服务和一定期限的政策扶持，增强创业企业的经营管理和市场竞争能力，提高创业稳定率。

什么是创业孵化基地（园区）？

创业孵化基地，也叫孵化器，是政府为创业者搭建的制度性、智能化的服务平台，为新创的小企业提供有利于存活、发展的服务环境和空间环境的公益性服务。进入创业孵化器的创业者可以得到低成本或无成本的各种服务，化解创业风险。创业孵化基地应经政府部门认定，具备孵化与培育企业功能，能为创业者提供企业经营场地以及帮助创业者融资、对创业人员免费提供创业培训、开业指导、项目推介、小额贷款、经营咨询、法律援助、创业社保补贴、创业服务补贴等“一条龙”公益性服务。孵化基地分为综合孵化基地和专业孵化基地。

创业孵化基地扶持对象范围是什么？

创业孵化基地扶持对象，是通过自主创业，实现自身就业和带动更多人就业的下列人员：

1. 失业人员。

2. 高校毕业生。

3. 科技人员。

4. 复转军人（含随军家属）。

5. 新生劳动力（未继续升学的初、中等学历的人员）。

6. 困难群体（城镇零就业家庭成员、城乡低保户和低保边缘户）。

7. 残疾人。

8. 农村劳动力。

进入创业孵化基地的企业应具备哪些条件？

进入创业孵化基地的企业应具备哪些条件，国家没有统一规定。各地规定的条件也不一样，但大部分地区规定，进入市、区（县）孵化基地的企业，应同时符合以下认定条件：

1. 创业者是创业政策扶持对象。

2. 创办的企业必须是投资小、见效快、有发展潜力、劳动密集型或技术含量较高，具有噪声小、无毒无害、非易燃易爆的企业。

3. 企业平均从业人员在 20 人以上，并与其签订 1 年以上劳动合同，依法缴纳社会保险费。

4. 企业具有独立法人资格，实行独立核算、自主经营、自负盈亏。

5. 诚实守信、合法经营、依法纳税，具有典型示范作用。

什么是创业指导服务？

创业指导服务是指为创业者提供个性化、专业化的开业指导和咨询服务。《关于促进以创业带动就业工作的指导意见》要求，各地要根据城乡创业者的需求，组织开展项目开发、方案设计、风险评估、开业指导、融资服务、跟踪扶持等“一条龙”创业服务，建立创业信息、政策发布平台，搭建创业者交流互助的有效渠道。建立政府支持并监管企业与个人开发、市场运作的创业项目评估和推介制度，建立创业项目资源库，形成有效采集和定期发布制度。通过上门服务、集中服务、电话服务等多种形式，为创业者提供个性化、专业化的开业指导和咨询服务。要建立创业者信息管理服务系统，设立创业服务热线，接受创业者的咨询和投诉，提供及时有效的后续服务和跟踪指导，注重对创业失败者的指导和服务，帮助他们重树信心，再创新业。

创业指导服务由谁来实施？

创业指导服务一般是由企业家、创业成功人士、专家学者及政府工作人员、教师共同组成的创业服务专家队伍实施。《关于促进以创业带动就业工作的指导意见》要求，要依托公共就业服务体系，健全创业指导服务组织，开发创业指导技术，完善创业服务功能，提高创业服务效率，承担创业带动就业工作的组织、服务和实施责任。要充分发挥中小企业服务机构、高校毕业生就业指导机构和各类创业咨询服务机构的作用，共同做好创业带动就业工作。要推动创业咨询服务工作的开展，建立由企业家、创业成功人士、专家学者及政府工作人员共同组成的创业服务专家队伍，逐步形成创业服务指导专兼职队伍。

什么是大学生创业引领计划？

大学生创业引领计划是一项由人力资源和社会保障部、国家发改委、教育部、科技部、工业和信息化部、财政部、人民银行、工商总局、共青团中央联合实施的，为引导和支持更多的大学生通过创业实现就业的行动计划。2008 年至 2013 年为计划的第一轮，2014 年至 2017 年为第二轮。该项计划的目标任务是，通过各方共同努力，使大学生的创业意识和创业能力进一步增强，使支持大学生创业的政策制度和服务体系更加完善，政府激励创业、社会支持创业、大学生勇于创业的机制基本形成，大学生创业的规模、比例继续得到扩大和提高。

大学生创业引领计划包括哪些政策措施？

大学生创业引领计划政策措施主要包括：

1. 普及创业教育。各级教育部门要加强对高校创业教育工作的指导和管理，推动高校普及创业教育，实现创业教育科学化、制度化、规范化。各高校要将创业教育融入人才培养体系，贯穿人才培养全过程，面向全体学生广泛、系统开展；积极开发开设创新创业类课程，并纳入学分管理；不断丰富创业教育形式，开展灵活多样的创业实践活动；切实加强师资队伍建设，为普及创业教育提供有力支持。

2. 加强创业培训。各级人社部门要加强与教育部门和高校的衔接，以有创业愿望的大学生为重点，编制专项培训计划，优先安排培训资源，切实抓好组织实施，使每一个有创业愿望和培训需求的大学生都有机会获得创业培训。要鼓励支持有条件的高校、教育培训机构、创业服务企业、行业协会、群团组织等开发适合大学生的创业培训项目，经过评审认定后，纳入创业培训计划，提高创业培训的针对性和有效性。要切实加强创业培训师资队伍建设，创新培训方式，积极推行创业模块培训、创业案例教学和创业实务训练，抓好质量监督，不断提升大学生创业能力。要会同相关部门进一步完善和落实创业培训补贴政策，健全并加强培训补贴资金管理，对符合条件的参训大学生按规定给予培训补贴。

3. 提供工商登记和银行开户便利。各级工商部门要按照工商登记制度改革总体部署完善管理制度，落实注册资本认缴登记制，依照有关法律法规的规定拓宽企业出资方式，放宽住所（经营场所）登记条件，推行电子营业执照和全程电子化登记管理。要进一步完善工商登记“绿色通道”，简化登记手续，优化业务流程，为创业大学生办理营业执照提供便利。要落实减免行政事业性收费政策，对符合条件的创业大学生，按规定减免登记类和证照类等有关行政事业性收费。人民银行各分支机构要积极会同有关部门指导银行业金融机构进一步改进金融服务，为创业大学生办理企业开户手续提供便利和优惠。

4. 提供多渠道资金支持。各地要认真落实小额担保贷款政策，在符合规定的前提下，加大对创业大学生的支持力度，简化反担保手续，强化担保基金的独立担保功能，适当延长担保基金的担保责任期限，落实银行贷款和财政贴息，重点支持吸纳大学生较多的初创企业。要充分发挥中小企业发展专项资金的作用，更多支持大学生创业实体。要鼓励企业、行业协会、群团组织、天使投资人等以多种方式向创业大学生提供资金支持，设立重点支持创业大学生的天使投资和创业投资基金。对支持创业早期企业的投资，符合规定条件的，按规定给予所得税优惠或其他政策鼓励。有条件的地区要对现有各类高校毕业生就业创业基金进行整合，完善管理体制和运营机制，向大学生创业实体提供支持。

5. 提供创业经营场所支持。各地要充分利用大学科技园、科技企业孵化器、高新技术开发区、经济技术开发区、工业园、农业产业园、城市配套商业设施、闲置厂房等现有资源，建设大学生创业园、留学人员创业园和创业孵化基地，为创业大学生提供创业经营场所。对建设大学生创业园、留学人员创业园和创业孵化基地的地方和高校，有关部门要积极给予对口支持和业务指导。要将创业实训、创业孵化、创业辅导相结合，创新孵化方式，完善孵化功能，提高创业孵化成功率。要制定并完善创业经营场所租金补贴办法，对符合条件的创业大学生按规定给予经营场所租金补贴。

6. 加强创业公共服务。各级人社部门要会同协调有关方面针对创业大学生普遍遇到的问题开展创业公共服务，建立健全创业公共服务政府采购机制并加强绩效管理，构建覆盖院校、园区、社会的创业公共服务体系。要对各方面相关优惠政策进行归集梳理，以年轻人喜闻乐见的形式加强宣传解读并提供咨询，帮助符合条件的创业大学生获得相应的税费减免、资金补贴等政策扶持。要建立健全青年创业辅导制度，从拥有丰富行业经验和行业资源的企业家、职业经理人、天使投资人当中选拔一批青年创业导师，为创业大学生提供创业辅导。要采取多种方式搭建青年创业者交流平台，经常举办交流活动，为创业大学生及时了解政策和行业信息、学习积累行业经验、寻找合作伙伴和创业投资人创造条件。要积极引导大学生参加创业竞赛活动，有条件的地区可定期举办青年创业大赛，使之成为凝聚青年创业者、展示创业方案和创业项目的舞台，同时为创业投资机构、天使投资人等选择投资对象提供机会。要拓宽人事和劳动保障事务代理服务范围，将创业大学生作为重要服务对象，提供档案保管、人事代理、职称评定、社保代理等服务。要加强服务创新，积极探索将促进就业创业政策措施向网络创业就业领域延伸拓展的有效方式，为在电子商务网络平台上注册“网店”的创业大学生提供政策支持和服务。要充分发挥留学人员回国服务工作体系的作用，对留学回国创业人员开展针对性服务，帮助他们了解国内信息、熟悉创业环境、交流创业经验、获得政策扶持。

第五编
就业扶持政策

我国现行支持和促进创业就业的税收政策有哪些？

就业是民生之本。中共中央、国务院高度重视就业工作，坚持实施就业优先战略和积极的就业政策。财税部门按照中共中央、国务院的部署，充分发挥税收职能作用，出台实施了一系列包括促进下岗失业人员、残疾人等重点群体就业以及扶持中小企业，特别是小微企业发展等有利于促进创业就业的税收政策。

1. 支持和促进重点群体创业就业税收政策。对登记失业半年以上的人员、毕业年度内高校毕业生以及零就业家庭、享受城市居民最低生活保障家庭劳动年龄内的登记失业人员从事个体经营的，在 3 年内按每户每年 8000 元为限额依次扣减其当年实际应缴纳的营业税、城市维护建设税、教育费附加和个人所得税；对符合条件的企业招用下岗失业人员以及享受最低生活保障且失业 1 年以上的城镇其他登记失业人员的，在 3 年内按实际招用人数予以定额（每人每年 4000 元，可上下浮动 20%）依次扣减营业税、城市维护建设税、教育费附加和企业所得税优惠。上述政策已于 2013 年底到期，国务院常务会议决定延长至 2016 年 12 月 31 日，并加以完善。

2. 安置残疾人就业税收政策。按实际安置人数，限额即征即退增值税或减征营业税（具体限额最高每人每年 3.5 万元）；在按照支付给残疾职工工资据实扣除的基础上，可以在计算应纳税所得额时按照支付给残疾职工工资的 100% 加计扣除；可减征或免征城镇土地使用税，对出租房产在免收租金期间由产权所有人按照房产原值缴纳房产税。

3. 扶持中小企业特别是小微企业发展，吸纳和促进就业。对符合条件的小型微利企业给予减按 20％的税率征收企业所得税；在对年应纳税所得额低于 10 万元（含 10 万元）的小型微利企业减按 20% 税率缴纳企业所得税的基础上，其所得减按 50% 计入应纳税所得额；降低增值税小规模纳税人的征收率（自 6％和 4％统一降至 3%）；统一并提高了增值税和营业税的起征点（提高至 2 万元），对小微企业中月销售额不超过 2 万元的增值税小规模纳税人和营业税纳税人，暂免征收增值税和营业税；实施了金融企业中小企业贷款损失准备金税前扣除政策和符合条件的农村金融机构营业税优惠政策；免征了金融机构对小微企业贷款印花税；将符合条件的国家中小企业公共技术服务示范平台纳入现行科技开发用品进口税收优惠政策的享受主体范围等。上述税收政策既有力减轻了中小企业税收负担，又体现了国家对创业和促进就业的重视。

此外，对随军家属、自主择业的军队转业干部、退役士兵创业就业也给予了税收扶持政策。

支持和促进重点群体创业就业税收政策的主要内容是什么？

自 2014 年起，继续实施财政部、国家税务总局《关于支持和促进就业有关税收政策的通知》（财税〔2010〕84 号）所规定的税收优惠政策，同时完善了相关政策，进一步加大支持力度：

1. 调整享受企业吸纳就业税收政策的人员范围，凡是在公共就业服务机构登记失业 1 年以上的人员均能享受税收优惠。

2. 取消享受税收优惠政策的行业范围限制。

3. 扩大扣减税费范围，将地方教育附加纳入扣减税费范围。

4. 提高扣除额上限，对从事个体经营或企业吸纳就业的，除国家给予定额税收扣减外，地方政府还可按规定再给予比过去更大的税收优惠。

5. 简化程序，将税收优惠政策管理由审批改为备案。

6. 退役士兵就业税收政策参照上述原则执行。

为什么要取消享受税收优惠政策的行业范围限制？

沿用下岗失业人员再就业税收政策的做法，支持和促进就业税收政策对原享受政策的行业范围作了除外规定，其中，对从事个体经营的，将建筑业、娱乐业以及销售不动产、转让土地使用权、广告业、房屋中介、桑拿、按摩、网吧、氧吧排除在外；对企业吸纳就业的，将从事广告业、房屋中介、典当、桑拿、按摩、氧吧的服务型企业排除在外。新政策取消了上述行业限制，主要是考虑到就业重点群体发生了较大改变，适当增加行业范围，有利于扩大就业渠道，增强税收支持政策的针对性和有效性。

为什么要简化税收优惠政策管理？

按照中央关于转变政府职能，减少行政审批的要求，将税收优惠政策管理方式由审批调整为备案减免税管理，符合条件的纳税人可自行享受税收优惠政策，事后向主管税务机关备案。

哪些人属于持《就业失业登记证》注明“自主创业税收政策”或附着《高校毕业生自主创业证》人员？

按照《关于继续实施支持和促进重点群体创业就业有关税收政策的通知》的规定，所谓持《就业失业登记证》注明“自主创业税收政策”或附着《高校毕业生自主创业证》的人员是指：

1. 在人力资源和社会保障部门公共就业服务机构登记失业半年以上的人员。

2. 零就业家庭、享受城市居民最低生活保障家庭劳动年龄内的登记失业人员。

3. 毕业年度内高校毕业生。高校毕业生是指实施高等学历教育的普通高等学校、成人高等学校毕业的学生；毕业年度是指毕业所在自然年，即1月1日至12月31日。

从事个体经营的如何申请减免税？

从事个体经营的，领取税务登记证后，可持下列材料向其所在地主管税务机关申请减免税：

1. 减免税申请。

2.《就业失业登记证》。

3. 主管税务机关要求提供的其他材料。

如何申领就业失业登记证？

享受《关于继续实施支持和促进重点群体创业就业有关税收政策的通知》第一条、第二条优惠政策的人员按以下规定申领《就业失业登记证》《高校毕业生自主创业证》等凭证：

1. 按照《就业服务与就业管理规定》第六十三条的规定，在法定劳动年龄内，有劳动能力，有就业要求，处于无业状态的城镇常住人员，在公共就业服务机构进行失业登记，申领《就业失业登记证》。其中，农村进城务工人员和其他非本地户籍人员在常住地稳定就业满6个月的，失业后可以在常住地登记。

2. 零就业家庭凭社区出具的证明，城镇低保家庭凭低保证明，在公共就业服务机构登记失业，申领《就业失业登记证》。

3. 毕业年度内，高校毕业生在校期间凭学校出具的相关证明，经学校所在地省级教育行政部门核实认定，取得《高校毕业生自主创业证》（仅在毕业年度适用），并向创业地公共就业服务机构申请取得《就业失业登记证》；高校毕业生离校后直接向创业地公共就业服务机构申领《就业失业登记证》。

4. 上述人员申领相关凭证后，由就业和创业地人力资源和社会保障部门对人员范围、就业失业状态、已享受政策情况进行核实，在《就业失业登记证》上注明“自主创业税收政策”或“企业吸纳税收政策”字样，同时符合自主创业和企业吸纳税收政策条件的，可同时加注。主管税务机关在《就业失业登记证》上加盖戳记，注明减免税所属时间。

如何加强对就业失业登记证的管理？

加强对就业失业登记证管理的主要职责有：

1.《就业失业登记证》采用实名制，限持证者本人使用。创业人员从事个体经营的，《就业失业登记证》由本人保管；被用人单位录用的，享受扶持政策期间，证件由用人单位保管。《就业失业登记证》由人力资源和社会保障部统一样式，由各省、自治区、直辖市人力资源和社会保障部门负责印制，统一编号备案，作为审核劳动者就业失业状况和享受政策情况的有效凭证。

2.《企业实体吸纳失业人员认定证明》由人力资源和社会保障部统一式样，由各省、自治区、直辖市人力资源和社会保障部门统一印制，统一编号备案。

3.《高校毕业生自主创业证》采用实名制，限持证者本人使用。《高校毕业生自主创业证》由教育部统一样式，由各省教育行政部门负责印制，其中注明申领人姓名、身份证号、毕业院校等信息，并粘贴申领人本人照片。

从事个体经营可以免除哪些收费项目？

登记失业人员、残疾人、退役士兵以及毕业 2 年以内的普通高校毕业生，从事个体经营，自其在工商部门首次注册登记之日起3年内免收管理类、登记类和证照类等有关行政事业性收费。

从事个体经营的如何申请免费?

从事个体经营的下岗失业人员，应当向工商、税务、卫生、民政、劳动保障等部门的相关收费单位出具劳动保障部门核发的《就业失业登记证》，经收费单位审核无误并备案后免缴有关收费。但对出租、转让《就业失业登记证》骗取收费优惠政策的，一经发现，有关收费单位应立即对证件持有人终止执行收费优惠政策，并补收相关费用。

小微企业暂免征收部分行政事业性收费有哪些?

根据《关于免征小型微型企业部分行政事业性收费的通知》（财综〔2011〕104号）文件规定，对依照工业和信息化部、国家统计局、国家发展改革委、财政部《关于印发中小企业划型标准规定的通知》（工信部联企业〔2011〕300号）认定的小型和微型企业，免征管理类、登记类和证照类等有关行政事业性收费。

免征的行政事业性收费项目，主要包括：

1. 工商行政管理部门收取的企业注册登记费。

2. 税务部门收取的税务发票工本费。

3. 海关部门收取的海关监管手续费。

4. 商务部门收取的装船证费、手工制品证书费、纺织品原产地证明书费。

5. 质检部门收取的签发一般原产地证书费、一般原产地证工本费和组织机构代码证书工本费。

6. 贸促会收取的货物原产地证明书费、ATA单证册收费。

7. 国土资源部门收取的土地登记费。

8. 新闻出版部门收取的计算机软件著作权登记费。

9. 农业部门收取的农机监理费（含牌证工本费、安全技术检验费、驾驶许可考试费等）、新兽药审批费、《进口兽药许可证》审批费和已生产兽药品种注册登记费。

10. 林业部门收取的林权证工本费。

11. 旅游部门收取的星级标牌（含星级证书）工本费、A级旅游景区标牌（含证书）工本费、工农业旅游示范点标牌（含证书）工本费。

12. 中国伊斯兰教协会收取的清真食品认证费。

13. 各省、自治区、直辖市人民政府及其财政、价格主管部门按照管理权限批准设立的管理类、登记类和证照类行政事业性收费。

什么是小额担保贷款？小额担保贷款的用途是什么？

小额担保贷款是一种专项贷款，通常通过政府出资设立担保基金，委托担保机构提供贷款担保，由经办商业银行发放，以解决符合一定条件的下岗失业人员和其他待就业人员自筹资金不足的问题。

小额担保贷款主要用作自谋职业、自主创业或合伙经营和组织起来创业的开办经费和流动资金。

小额担保贷款对象是哪些？

符合规定条件的城镇登记失业人员、就业困难人员，均可按规定程序向经办金融机构申请小额担保贷款。具体包括：国有企业下岗失业人员、国有企业关闭破产需要安置的人员、国有企业所办集体企业下岗职工、享受城市居民最低生活保障且失业1年以上的城镇其他登记失业人员、持有军人退出现役的有效证件的城镇复员转业退役军人、就业困难人员、未就业的大学毕业生等。

申请小额担保贷款额度是多少？贷款期限有多长？

从事微利项目的，可享受不超过5万元贷款额度的财政贴息扶持。各地区对申请小额担保贷款额度有不同规定。对合伙经营和组织起来就业的，可根据需要适当提高贷款额度。

小额担保贷款的期限一般不超过2年，可展期1年。

怎样申请小额担保贷款？在哪些银行可以申请小额担保贷款？

小额担保贷款按照自愿申请、社区推荐、人力资源和社会保障部门审查、贷款担保机构审核并承诺担保、商业银行核贷的程序，办理贷款手续。

全国各商业银行、股份制商业银行、城市商业银行和城乡信用社都可以开办小额担保贷款业务，各地区根据实际情况确定具体经办银行。在指定的具体经办银行可以办理小额担保贷款。

小额担保贷款如何贴息？

按照有关规定，下岗失业人员小额担保贷款贷给那些从事微利项目的，可享受财政贴息。按照有关规定，除东部沿海七省市（北京、上海、山东、江苏、浙江、福建、广东）外，其他省（区、市）所需贴息资金中由中央财政负担部分，由财政部根据贷款预计发放额度和国家规定的贴息标准，安排专项资金，列入中央财政预算。

贴息资金如何审核与拨付?

按财政部、中国人民银行、人力资源和社会保障部《小额担保贷款财政贴息资金管理办法》的规定，贴息资金的申请、审核与拨付按如下程序办理：

1. 每季度结息日后 5 个工作日内，地市级经办银行将贴息资金申请和明细表报送地市级财政部门，并附微利项目和小企业贷款计收利息清单。

贴息资金申请应包括贷款发生额、季初余额、季末余额、贷款发生笔数、申请贴息资金额等内容。明细表包括每笔贷款的项目名称、贷款金额、发放时间、期限、借款人名称和户籍所在地等内容。

2. 地市财政部门收到经办银行申请后的 5 个工作日内审核拨付贴息资金，同时将贴息资金的拨付使用情况上报省级财政部门和专员办备案。

3. 年度终了后 20 日内，地市级经办银行将上一年度贴息资金申领汇总情况及明细表报送地市级财政部门；担保机构将按经办银行分类汇总的小额贷款担保发放情况表报至地市级财政部门审核清算。

小额贷款担保发放情况表包括每笔贷款担保的项目名称、贷款金额、担保金额、发放时间、期限、借款人名称和户籍所在地等内容。

4. 地市级财政部门收到经办银行和担保机构的材料后，在 10 个工作日内对有关情况进行审核后出具意见，并附经办银行和担保机构材料，报省级财政部门和专员办。

5. 省级财政部门和专员办对地市级财政部门报送的材料进行审核后出具意见，在年度终了后 2 个月内编制贴息资金年度决算报财政部审核清算。

什么是小额担保贷款担保基金？

小额担保贷款担保基金，是各省、自治区、直辖市以及地级以上市为保证小额贷款的实施而建立的贷款担保基金。所需资金主要由同级财政筹集，专户储存于同级财政部门指定的商业银行，封闭运行，专项用于小额担保贷款。小额担保贷款责任余额不得超过贷款担保基金银行存款余额的5倍。贷款担保基金收取的担保费不超过贷款本金的1%，由地方政府全额向担保机构支付。

哪些机构可以作为小额担保贷款的贷款担保机构？

小额贷款担保基金委托各省（自治区、直辖市）、市政府出资的中小企业信用担保机构或其他信用担保机构运作，尚未建立中小企业信用担保机构的地区由同级财政部门会同经贸部门、劳动保障部门报经当地政府批准后可成立新的担保机构。受托运作的信用担保机构应建立贷款担保基金专门账户，贷款担保基金的运作与信用担保机构的其他业务必须分开，单独核算。

什么是就业专项资金？

就业专项资金是各级财政部门根据就业形势变化和就业工作的需要，为支持就业再就业工作，通过调整支出结构，多渠道筹措的专项资金。就业专项资金用于职业介绍补贴、职业培训补贴（含劳动预备制培训生活费补贴）、职业技能鉴定补贴、社会保险补贴、公益性岗位补贴、就业见习补贴、特定就业政策补助、小额贷款担保基金和小额担保贷款贴息，以及扶持公共就业服务等。

中央财政就业专项资金如何拨付？

对各地所需就业资金，中央财政通过专项转移支付的方式给予适当补助，并对中西部地区和老工业基地给予重点支持。中央财政对地方的就业补助资金与地方财政实际投入和就业再就业工作实绩等因素挂钩，实行指标一次统一下达、补助资金按季拨付、年底全面考核评价、全年重点跟踪检查的办法。

就业专项资金的使用原则是什么？

就业专项资金必须坚持专款专用的原则，严格按照规定的范围、标准和程序使用，不得用于部门或单位人员经费、公用经费、差旅费、会议费等，严禁用于或变相用于房屋建筑物购建、租赁、交通工具购置等各项支出。

各级财政部门要切实履行职能，加强财政管理和监督，进一步提高就业再就业资金使用管理的规范性、安全性和有效性。

什么是职业介绍补贴？

职业介绍补贴就是对各类职业介绍机构为失业人员提供免费服务后的资金补贴。按照《国务院关于进一步加强就业再就业工作的通知》的规定，对持《再就业优惠证》人员、城镇其他登记失业人员，以及进城登记求职的农村劳动者要提供免费的职业介绍服务，提供免费职业介绍服务的各类职业中介机构应给予补贴。因此，各类职业介绍机构按规定提供免费服务后，可按经其免费职业介绍服务后实际就业人数，向当地劳动保障部门申请职业介绍补贴。

享受职业介绍补贴需要具备哪些条件？

享受职业介绍补贴必须具备以下条件：

1. 职业介绍机构或从事职业介绍活动经劳动保障行政部门许可。

2. 为求职者提供了诚信、有效的免费职业介绍服务。

3. 所介绍上岗的人员必须与用人单位建立相对稳定的劳动关系，在工资收入、社会保险权益等方面符合相应规定，并能提供相关凭证。

如何申领职业介绍补贴？

按照《关于进一步加强就业专项资金管理有关问题的通知》，在工商行政部门登记注册的职业中介机构，可按经其就业服务后实际就业的登记失业人员人数向当地人力资源和社会保障部门申请职业介绍补贴。职业中介机构在申请职业介绍补贴时，按每位符合免费服务条件的人员每年享受一次职业介绍补贴计算，不得重复申请。职业介绍补贴申请材料应附：经职业中介机构就业服务后已实现就业的登记失业人员名单、接受就业服务的本人签名及居民身份证复印件、《就业失业登记证》复印件、劳动合同等就业证明材料复印件、职业中介机构在银行开立的基本账户等凭证材料。申请材料经人力资源和社会保障部门审核后，财政部门按规定将补贴资金支付到职业中介机构在银行开立的基本账户。

公共就业服务机构如何申请职业介绍补贴？

公共就业服务机构是指县及县级以上地方人民政府设立的，依据《中华人民共和国就业促进法》和人力资源和社会保障部、中央机构编制委员会办公室《关于进一步加强公共就业服务体系建设的指导意见》规定，为劳动者提供免费就业和创业服务的机构。

对已经纳入财政补助范围的公共就业服务机构，地方各级财政部门要按照事业单位财务规则，根据其享受财政补助编制内实有人数，并结合考虑其承担的免费公共就业服务工作量，安排人员经费、工作经费（含设备购置、修缮和大型公共就业服务活动等项目支出），由同级财政在部门预算中统筹安排。对未纳入财政补助范围的公共就业服务机构，可暂按职业中介机构申领职业介绍补贴的规定申请职业介绍补贴。

什么是职业培训补贴？

职业培训补贴，是为参加职业培训的失业人员和进城务工的农村劳动者等相关人员提供的专项补贴。职业培训补贴一般采取个人报销补贴方式。对生活确有困难、无力垫付可报销补贴部分的，可采取帮扶措施。承担帮扶任务的培训机构，可为上述人员向当地劳动保障部门申请培训补贴。有条件的地方还可探索以发放培训券等补贴方式进行帮扶。职业培训补贴标准和具体办法由各省、自治区、直辖市制定。

享受职业培训补贴的人员范围是什么？

享受职业培训补贴的人员范围主要包括：城镇登记失业人员、农村转移就业劳动者、毕业年度高校毕业生、城乡未继续升学的应届初高中毕业生（以下简称“四类人员”）。

职业培训补贴的期限多长？

“四类人员”每人每年只能享受一次职业培训补贴，不得重复申请。享受职业培训补贴的培训期限最长不超过 12 个月。

如何申领职业培训补贴?

“四类人员”参加就业技能培训或创业培训，可向当地人力资源和社会保障部门申请职业培训补贴，申请材料经人力资源和社会保障部门审核后，财政部门按规定将补贴资金直接拨付给申请者本人。职业培训补贴申请材料应附：培训人员身份证复印件、《就业失业登记证》复印件、职业资格证书（专项职业能力证书或培训合格证书）复印件、就业或创业证明材料、职业培训机构开具的行政事业性收费票据（或税务发票）等凭证材料。

什么是劳动预备制培训补贴?

劳动预备制培训补贴是指支付给参加劳动预备制培训的城乡未继续升学的应届初高中毕业生的职业培训补贴。劳动预备制培训补贴可由职业培训机构代为申请，对其中农村学员和城市居民最低生活保障家庭的学员，给予一定的生活费补贴。劳动预备制培训补贴申请材料经人力资源和社会保障部门审核后，财政部门按规定将补贴资金直接拨入职业培训机构在银行开立的基本账户，生活费补贴申请材料经人力资源和社会保障部门审核后，财政部门按月直接拨付学员本人。

对职业培训机构代为申请职业培训补贴的，培训费申请材料除前款所规定的职业培训补贴材料外，还应附初（高）中毕业证书、代为申请协议等。生活费补贴申请材料应附：申请人员身份证复印件、《就业失业登记证》复印件、初（高）中毕业证、城市居民最低生活保障证复印件等凭证材料。

职业培训补贴标准是多少?

对“四类人员”参加就业技能培训或创业培训后，培训合格并通过职业技能鉴定取得初级以上职业资格证书（未颁布国家职业技能标准的职业应取得专项职业能力证书或创业培训合格证书），6 个月内实现就业的，按职业培训补贴标准的 100% 给予补贴；6 个月内没有实现就业的，取得初级以上职业资格证书，按职业培训补贴标准的 80% 给予补贴；取得专项职业能力证书或创业培训合格证书，按职业培训补贴标准的 60% 给予补贴。

开展岗前就业技能培训能否得到培训补贴？

按照财政部、人力资源和社会保障部《关于进一步加强就业专项资金管理有关问题的通知》规定，企业新录用的四类人员，与企业签订 6 个月以上期限劳动合同，在劳动合同签订之日起 6 个月内由企业依托所属培训机构或政府认定的培训机构开展岗前就业技能培训的，根据培训后继续履行劳动合同情况，按照当地确定的职业培训补贴标准的一定比例，对企业给予定额职业培训补贴。企业开展岗前培训前，须将培训计划大纲、培训人员花名册及身份证复印件、劳动合同复印件等材料报当地人力资源和社会保障部门备案，培训后根据劳动者继续履行劳动合同情况，向人力资源和社会保障部门申请职业培训补贴。申请材料经人力资源和社会保障部门审核后，财政部门按规定将补贴资金直接拨入企业在银行开立的基本账户。企业申请职业培训补贴应附：培训人员花名册、培训人员身份证复印件、《就业失业登记证》复印件、劳动合同复印件、职业培训合格证书等凭证材料。

什么是职业技能鉴定补贴？

职业技能鉴定补贴是指对失业人员和进城务工的农村劳动者等相关人员初次申请参加技能鉴定的补贴。

如何申领职业技能鉴定补贴？

“四类人员”通过初次职业技能鉴定并取得职业资格证书或专项职业能力证书的，可向职业技能鉴定所在地人力资源和社会保障部门申请一次性职业技能鉴定补贴。职业技能鉴定补贴申请材料应附：申请人身份证复印件、《就业失业登记证》复印件、职业资格证书复印件、职业技能鉴定机构开具的行政事业性收费票据（或税务发票）等凭证材料，经人力资源和社会保障部门审核后，财政部门按规定将补贴资金支付给申请者本人。

什么是社会保险补贴？

所谓的社会保险补贴是指政府为就业困难人员代缴的社会保险费。实行社会保险补贴，借鉴了下岗职工基本生活保障制度中由再就业服务中心代缴社会保险费的做法，也是国外的成功经验。社会保险费是企业用人成本的重要组成部分，实行这一政策，可以在一定程度上降低企业的用人成本，鼓励其吸纳下岗失业人员就业。同时，也可以帮助下岗失业人员接续社会保险关系，解除他们的后顾之忧。

社会保险包括哪几个险种？

社会保险包括基本养老保险、基本医疗保险和失业保险。

社会保险补贴的标准是多少？

对就业困难人员的企业（单位），按其为就业困难人员实际缴纳的基本养老保险费、基本医疗保险费和失业保险费给予补贴。灵活就业人员社会保险补贴标准按其实际缴费额的一定比例计算，补贴数额原则上不超过其实际缴费额的三分之二。

享受社会保险补贴的期限有多长？

社会保险补贴期限，除对距法定退休年龄不足 5 年的就业困难人员可延长至退休外，其余人员最长不超过 3 年（以初次核定其享受社会保险补贴时年龄为准）。

企业（单位）吸纳就业困难人员可以享受哪些社会保险补贴？

对就业困难人员的社会保险补贴实行"先缴后补"的办法。对各类企业（单位）招用就业困难人员，与之签订劳动合同并缴纳社会保险费的，以及在公益性岗位安排就业困难人员，并缴纳社会保险费的，按其为就业困难人员实际缴纳的基本养老保险费、基本医疗保险费和失业保险费给予补贴，不包括就业困难人员个人应缴纳的基本养老保险费、基本医疗保险费和失业保险费，以及企业（单位）和个人应缴纳的其他社会保险费。

企业（单位）如何申请社会保险补贴？

企业（单位）按季度将符合享受社会保险补贴条件人员的缴费情况单独列出，向当地人力资源和社会保障部门申请补贴。社会保险补贴申请材料应附：符合享受社会保险补贴条件的人员名单及身份证复印件、《就业失业登记证》复印件、劳动合同等就业证明材料复印件、社会保险征缴机构出具的社会保险费明细账（单）、企业（单位）在银行开立的基本账户等凭证材料，经人力资源和社会保障部门审核后，财政部门将补贴资金支付到企业（单位）在银行开立的基本账户。

灵活就业人员享受社会保险补贴的认定条件是什么？

符合条件的就业援助对象，在街道（镇）劳动保障服务机构办理了就业登记手续，经社区公示，街道（镇）劳动保障服务机构复核同意，参保缴费地县级以上劳动保障部门认定的下列灵活就业人员，可享受社会保险补贴：

1. 在非正规劳动组织就业的。

2. 从事个体经营和被个体工商户聘用的。

3. 为用人单位或雇主提供临时性、季节性生产服务的。

灵活就业人员如何申请社会保险补贴？

灵活就业的就业困难人员按规定向当地人力资源和社会保障部门申请社会保险补贴。社会保险补贴申请材料应附：由灵活就业人员签字、人力资源和社会保障部门盖章确认的并注明具体从事灵活就业的岗位、地址等内容的相关证明材料，灵活就业人员身份证复印件、《就业失业登记证》复印件、社会保险征缴机构出具的社会保险费明细账（单）等凭证材料，经人力资源和社会保障部门审核后，财政部门将补贴资金支付给申请者本人。

什么是公益性岗位补贴？

公益性岗位补贴是指对在公益性岗位安排就业困难人员就业的单位，按其实际安排就业困难人员人数给予的岗位补贴。

公益性岗位补贴期限是多少？

公益性岗位补贴期限，除对距法定退休年龄不足 5 年的就业困难人员可延长至退休外，其余人员最长不超过 3 年。

如何申请公益性岗位补贴？

在公益性岗位安排就业困难人员就业的单位，可按季度向当地人力资源和社会保障部门申请公益性岗位补贴。公益性岗位补贴申请材料应附：符合享受公益性岗位补贴条件的人员名单及身份证复印件、《就业失业登记证》复印件、发放工资明细账（单）、单位在银行开立的基本账户等凭证材料，经人力资源和社会保障部门审核后，财政部门将补贴资金支付到单位在银行开立的基本账户。

什么是就业见习补贴？

就业见习补贴是指对企业（单位）吸纳离校未就业高校毕业生参加就业见习所给予的补贴。按照财政部、人力资源和社会保障部《关于进一步加强就业专项资金管理有关问题的通知》的规定，企业（单位）吸纳离校未就业高校毕业生参加就业见习的，由见习企业（单位）先行垫付见习人员见习期间基本生活补助，企业（单位）可按规定向当地人力资源和社会保障部门申请就业见习补贴。

如何申请就业见习补贴？

就业见习补贴由见习企业（单位）申请。就业见习补贴申请材料应附：实际参加就业见习的人员名单、就业见习协议书、见习人员身份证、《就业失业登记证》复印件和大学毕业证复印件、企业（单位）发放基本生活补助明细账（单）、企业（单位）在银行开立的基本账户等凭证材料，经人力资源和社会保障部门审核后，财政部门将资金支付到企业（单位）在银行开立的基本账户。

什么是特定就业政策补助？

现行特定就业政策补助是指经国务院批准，各级人民政府对国有困难企业为其“4050”（女40岁、男50岁）下岗职工缴纳社会保险费给予的政策补助。地方国有困难企业享受特定就业政策的具体办法由省级财政、人力资源和社会保障部门确定。中央困难企业享受特定就业政策的具体办法由财政部、人力资源和社会保障部确定。

第六编
就业服务

什么是就业服务？

就业服务是指由特定的机构提供一系列服务措施，以满足劳动者求职就业或用人单位招用人员的需求的行为。其主要内容包括职业指导、职业介绍、就业训练、劳动保障事务代理，以及与之附随产生的其他相关服务，如职业咨询、对劳动者的就业状况进行跟踪了解等服务项目。

按照提供服务主体的不同类型，就业促进法将就业服务活动分为两类：一类是公共就业服务，系公益性服务活动，主要由政府设立的公共就业服务机构提供，也可以由政府向其他市场服务机构购买。另一类是职业中介服务，系商业性服务活动，由各类职业中介机构提供。两类服务和两类机构性质不同，政府指导监督的要求和重点不同。

就业服务有哪些作用？

就业服务在帮助劳动者实现就业的过程中一直发挥着重要作用，是政府运用各种经济政策和宏观经济调控等间接手段促进就业之外，通过就业市场进行资源优化配置从而直接促进就业的重要手段之一。具体来讲，就业服务主要有以下四个方面的作用：

1. 促进人力资源市场的健康发展和运行。
2. 促进劳动力自由、合理流动。
3. 优化配置劳动力资源。
4. 帮助就业困难群体实现就业，维护社会稳定。

什么是公共就业服务?

公共就业服务是指以促进就业为目的，由政府出资，向劳动者提供的公益性就业服务。我国《劳动力市场管理规定》第二十六条规定，公共就业服务是指由各级劳动保障部门提供的公益性就业服务。发展公共就业服务是国际通行的做法。根据国际劳工公约规定，各国应在全国建立一个公共的、无偿的职业介绍体系，这一体系应包括连接各地职业介绍机构的网络。

公共就业服务机构应具有四个特征：一是由国家建立，在国家领导或监管下开展业务活动，国家应给予充分的资金保障；二是公共就业服务机构应当形成体系，主要由中央主管部门、地区性就业服务机构和地方就业服务机构组成，上下形成网络，有足够的数量，在一定程度上覆盖全国；三是公共就业服务机构的职员应是政府公务人员身份，并保证其职业稳定；四是公共就业服务机构应向求职者和失业人员提供免费的就业服务，向雇主提供基本的就业服务也应免费。

我国有哪些公共就业服务机构?

就业促进法规定，县级以上人民政府建立健全公共就业服务体系，设立公共就业服务机构。首次在法律中明确对政府承担建立健全公共就业服务体系，设立公共就业服务机构，提供公共就业服务的职责作出规定。

我国的公共就业服务机构主要包括三个层次：一是公共就业服务管理机构，承担本地区公共就业服务规划、公共就业服务机构管理和劳动力市场管理工作。二是公共就业服务工作机构，以职业介绍服务为主，按照统一服务窗口的要求，设立专门服务场所，作为直接面向求职者和用人单位提供服务的综合性服务窗口，承担政策咨询、信息发布、职业介绍、职业指导、职业培训、创业服务和劳动保障事务代理等多项就业服务功能。三是以街道（乡镇）社区劳动保障工作平台为主的基层公共就业服务机构，承担面向辖区群众提供公共就业服务，对就业困难群体提供就业援助等基础性工作。

就业促进法明确规定了由县级以上人民政府设立公共就业服务机构，向劳动者提供免费服务。其基本含义有三个方面：

1. 公共就业服务机构是代表政府履行公共就业服务职能的机构。政府对就业承担着提供公益性就业服务的职能，确定了公共就业服务机构的公益性性质。

2. 公共就业服务机构是政府设立的专门机构，负责为劳动者提供就业服务。公共就业服务机构作为代表政府向劳动者提供就业服务的专门机构，是一种提供专业化服务的专门机构，要求具备相应的专业服务能力，包括基本服务功能、服务场所、服务人员和服务技术与设备等。

3. 公共就业服务机构实行免费服务制度。公共就业服务机构的公益性服务职能通过对劳动者提供免费服务来实现。

就业促进法规定，公共就业服务机构应当不断提高服务的质量和效率，不得从事经营性活动，招聘会不得向劳动者收费，以使劳动者能够享受高质量的服务，体现公共就业服务的公益性。

公共就业服务的基本原则是什么？

公共就业服务的基本原则是：

1. 保基本。把握基本公共就业服务的公益性质，明确政府的主体责任——以促进社会就业更加充分和优化社会人力资源配置为主要目的，承担基本公共就业服务。

2. 可持续。完善财政保障、管理运行和监督问责机制，形成保障基本公共就业服务体系有效运行的长效机制。创新服务供给模式，引入竞争机制，不断提高服务质量和效率，实现公共就业服务可持续发展。

3. 均等化。按照覆盖城乡、普遍享有的要求，面向全社会提供统一、规范、高效的公共就业服务，方便各类劳动者求职就业和用人单位招聘用工，逐步实现地区间、城乡间基本公共就业服务均等化。

我国公共就业服务范围及主要内容是什么？

根据分类推进事业单位改革的相关规定，按照政事分开、事企分开和管办分开的要求，政府公共就业服务的范围主要是指面向所有劳动者免费提供的基本公共就业服务。

服务内容包括：就业政策法规咨询；职业供求信息发布，市场工资指导价位信息和职业培训信息发布；职业指导和职业介绍；组织就业见习，推荐开展职业培训和职业技能鉴定；开展创业服务；对就业困难人员实施就业援助，对高校毕业生、农村转移劳动者等重点群体提供专门就业服务；劳动人事档案管理服务；失业人员管理，办理就业登记、失业登记等事务。

劳动人事档案管理服务可按经当地物价主管部门审批的成本价收取费用，并逐步实行免费服务。对目前由公共就业服务机构以营利为目的向劳动者提供的收费服务项目，要从公共就业服务机构中逐步剥离，主要转由企业等社会力量提供。

如何完善公共就业服务体系？

完善公共就业服务体系的主要内容包括：

1. 完善公共就业服务机构设置及职责。省（自治区、直辖市）、市、县三级设立公共就业服务机构，县以下街道（乡镇）

和社区（行政村）设立基层公共就业服务平台。省、市、县三级公共就业服务机构负责制定落实各项公共就业服务政策，统筹协调辖区内就业管理，建设公共就业服务信息系统，并承担向辖区内劳动者和用人单位提供基本公共就业服务的职责。县级以下基层公共就业服务平台负责开展以就业援助为重点的公共就业服务，落实各项就业政策，实施劳动力资源调查统计，并承担上级人力资源和社会保障行政部门安排的其他就业服务工作。

各地要按照《中共中央国务院关于分类推进事业单位改革的指导意见》，在事业单位分类改革中明确公共就业服务机构的公益属性。对基层公共就业服务平台提供的基本公共就业服务，可采取政府购买服务的方式给予补偿。

2. 加强机构职能整合和基层平台服务功能。各地要按照统一领导、统一制度、统一管理、统一服务标准、统一信息系统的要求，统筹规划公共就业和人才交流服务机构建设，形成覆盖城乡的公共就业服务体系。要按照人力资源和社会保障部、中央机构编制委员会办公室《关于进一步加强公共就业服务体系建设的指导意见》提出的原则，整合原劳动就业服务机构和人才交流服务机构的就业服务职能，统筹管理辖区内城乡各类劳动者的就业服务工作。要充分利用现有资源，强化服务网点的统筹规划，从服务对象的实际需要和便利出发，确保服务功能不减少，服务能力不下降。区、县级原劳动就业服务机构和人才交流服务机构原则上要整合建立统一的综合性服务机构。各地在加强街道（乡镇）和社区（行政村）劳动就业和社会保障综合服务平台建设中，要进一步强化基层特别是农村公共就业服务功能，提高人员素质，改进服务手段，承担基本公共就业服务职能。

如何提升公共就业服务水平？

提升公共就业服务水平根本原则包括：

1. 健全公共就业服务制度。全面实施统一的基本服务免费制度、就业信息服务制度、大型专项就业服务活动制度、就业与失业登记管理制度、就业援助制度、劳动人事档案管理服务、就业信息监测制度等各项就业公共服务制度。探索建立政府购买基本公共就业服务的制度。

2. 提高公共就业服务专业化、标准化水平。根据经济、社会发展的需求，逐步拓展基本就业公共服务范围，充实服务项目，细化服务内容，规范服务流程，完善服务标准，全面提高服务质量和效率，实现公共就业服务专业化。逐步建立公共就业服务标准体系，明确公共服务机构设施建设、设备配置、人员配备等具体标准，为服务对象提供规范、便捷、优质的公共就业服务。

3. 提高公共就业服务信息化水平。建立全国统一的公共就业服务信息系统，健全全国统一的公共就业服务信息指标体系。以“数据向上集中、服务向下延伸、网络到边到底、信息全国共享”为目标，整合各类就业管理服务信息资源。以部、省两级为核心建立就业信息数据库，形成覆盖城乡的公共就业服务信息网络和就业信息监测体系，实现就业管理服务工作全程标准化和信息化。

4. 健全公共就业服务绩效考核机制。各地要以提高公共就业服务绩效为目标，根据公共就业服务机构承担的免费服务工作量、服务效果和服务成本，研究建立公共就业服务绩效考核管理制度，切实提高公共就业服务效率和水平。

如何保障公共就业服务经费？

就业促进法在明确公共就业服务职责的同时，还规定公共就业服务经费纳入同级财政预算，从而明确了公共就业服务机构的经费保障。除了将公共就业服务经费纳入财政预算之外，就业促进法还规定了公共就业服务经费来源的其他两条渠道：就业专项资金也可用于扶持公共就业服务，国家鼓励社会各界为公益性就业服务提供捐赠、资助。

如何健全公共就业服务经费保障机制？

健全公共就业服务经费保障机制的基本原则有：

1. 完善公共就业服务机构经费管理。各地要认真落实就业促进法，将县级（含）以上公共就业服务机构和县级以下基层公共就业服务平台经费纳入同级财政预算。要按照事业单位财务规则，根据其享有财政补助编制内实有人数，并综合考虑其承担的免费公共就业服务工作量，安排公共就业服务机构开展公共就业服务所需的基本支出和项目支出预算。基本支出是指公共就业服务机构为了保障其正常运转、完成日常工作任务而发生的人员经费和公用经费支出。基本支出具体内容由省级财政部门、人力资源和社会保障部门结合本地实际确定。项目支出是指公共就业服务机构为了完成特定工作任务和事业发展目标，在基本支出之外所发生的经费支出。项目支出包括：大型专项就业服务活动、失业人员和就业困难人员管理服务、就业信息服务与统计监测、跨地区劳务协作、创业服务、档案管理服务、就业服务场所租赁维护修缮、设备购置、信息系统建设运行维护等费用。

2. 加大对基层公共就业服务的扶持力度。对县级公共就业服务机构和县级以下基层公共就业服务平台开展公共就业服务所需经费确有困难的，上级财政部门要给予适当补助，所需经费从就业专项资金中列支。补助方式可根据公共就业服务工作量和服务成效等确定。中央财政对中西部地区和老工业基地县级公共就业服务机构和基层公共就业服务平台能力建设给予适当奖励性补助。

什么是职业介绍?

职业介绍，是指一定的主体运用劳动力市场机制，为劳动者求职和用人单位招聘用人提供中介服务的活动。这里所说的主体包括两个部分。一是从事职业介绍活动的机构。这类机构在我国目前包括各级劳动保障部门开办的职业介绍机构，其他部门及社会团体开办的职业介绍机构和公民个人开办的职业介绍机构。二是从事职业介绍活动的媒体和个人。亲朋好友推荐工作岗位，报纸、杂志、广播、电视刊播与求职有关的信息等活动均属职业介绍活动。

在我国，开展职业介绍工作的目的，一是促进劳动力市场的培育和发展。职业介绍是劳动力市场的主要载体之一，承担着培育和发展劳动力市场的重要职责。通过职业介绍，可以有效地调节劳动力市场上的供求关系，促进劳动力资源在劳动力市场上的合理配置，使劳动者和生产资料实现有机结合，达到劳动力的供需平衡。二是促进用人单位和求职者的相互选择。职业介绍通过收集和提供空岗、求职信息，沟通供求双方的相互联系，缩短招聘和求职时间，促进劳动者和生产资料尽快结合，合理配置。职业介绍通过开展职业指导、职业咨询，帮助求职者掌握求职方法和技巧，指导用人单位正确选人和确定招聘方式，从而会极大地提高双方选择的成功率。三是促进劳动力的合理流动。通过职业介绍机构及时、快捷的服务，可以使企业加快劳动力结构调整的步伐，从而促进产业结构的调整。

同时，职业介绍机构通过开展积极主动的就业服务，可以减少劳动者职业流动过程中的人为障碍，节省其职业转换的时间，提高效率。

职业介绍的主要内容是什么？

在我国，职业介绍的主要内容包括：

1. 信息服务。包括信息收集、信息交流与信息发布等。

2. 咨询服务。包括就业政策法规及服务咨询、职业培训信息咨询、求职和用人咨询、个人开业咨询和企业劳动人事管理咨询等。

3. 指导服务。包括职业能力测试评估、职业分析与评价、职业生涯设计、求职及用人观念和方法指导等。

4. 介绍服务。包括求职和用人面谈、介绍就业和推荐用人、举办招聘洽谈会、引导劳动者流动就业等。

5. 接受委托。包括受用人单位委托组织招聘、受求职人员委托存放档案，以及受劳动行政部门委托，办理劳动合同备案及有关职业培训和社会保险等事务。

6. 管理服务。包括就业登记、单位用人备案、职业介绍服务中的争议处理、协助进行劳动力市场监督检查、协助组织和管理劳动者流动就业等。

职业介绍的程序是什么？

在我国，求职人员和用人单位进入职业介绍机构以后，职业介绍机构一般按以下基本程序提供服务：

1. 接待登记。职业介绍机构工作人员要对前来求职和招聘人员的求职者与用人单位进行就业登记或用人登记。随后，根据他们的不同情况，确定服务形式，并引导他们进入相应服务程序。

2. 提供信息。通过电视屏幕、计算机或广播等设备，以及广告、报纸、手册或卡片等书面材料，向求职人员和用人单位提供用人和求职信息及其他劳动力市场信息。提供的信息主要包括：第一，岗位空缺信息；第二，劳动力供给信息；第三，职业培训信息；第四，职业供求分析预测信息；第五，相关就业服务项目；第六，劳动就业政策法规；第七，其他劳动力市场信息。

3. 求职和用人面谈。求职和用人面谈分为初次面谈和再次面谈。初次面谈的主要任务是：了解基本需求，确定服务形式，介绍就业和推荐用人，或推荐相关服务项目；再次面谈的主要任务是：深入了解并研究服务需求，调整服务形式，再次介绍就业和推荐用人，或推荐相关服务项目。

求职面谈的主要内容包括：了解求职人员求职意愿和其他相关情况；确定求职人员的服务需求；明确职业介绍机构应承担的义务和求职人员应开展的活动；向求职人员提出迅速和有效实现就业的建议；在求职人员不能直接通过配置实现就业时，推荐相关服务等。

用人面谈的基本内容是：了解用人单位的用人要求及相关情况；明确职业介绍机构应承担的义务；向用人单位提出招聘用人建议，并推荐合适的求职人员等。

职业介绍机构有哪几类？

总体上说，职业介绍机构分为非营利性职业介绍机构和营利性职业介绍机构。其中，非营利性职业介绍机构包括公共职业介绍机构和其他非营利性职业介绍机构。我国各级劳动保障、人事等部门开办的职业介绍机构均为非营利性职业介绍机构；社会团体、企事业单位开办的职业介绍机构可以是非营利性职业介绍机构，也可以是营利性职业介绍机构；私人开办的职业介绍机构一般为营利性职业介绍机构。

什么是其他非营利性职业介绍机构？

按照《劳动力市场管理规定》等的规定，所谓其他非营利性职业介绍机构，是指由劳动保障行政部门以外的其他政府部门、企事业单位、社会团体和其他社会力量举办，从事非营利性职业介绍活动的服务机构。

什么是公共职业介绍机构？

所谓公共职业介绍机构就是由政府投资兴办的，提供免费就业服务的机构。按照《劳动力市场管理规定》的规定，我国的公共职业介绍机构是指各级劳动保障行政部门举办，承担公共就业服务职能的公益性服务机构。公共职业介绍机构使用全国统一标识。

公共职业介绍机构应该提供哪些服务？

按照《劳动力市场管理规定》的规定，公共职业介绍机构应当免费提供以下服务：

1. 向求职者和用人单位提供劳动保障政策法规咨询服务。

2. 向失业人员和特殊服务对象提供职业指导和职业介绍。

3. 推荐需要培训的失业人员和特殊服务对象参加免费或部分免费的培训。

4. 在服务场所公开发布当地岗位空缺信息、职业供求分析信息、劳动力市场工资指导价位信息和职业培训信息。

5. 办理失业登记，就业登记，录用和终止、解除劳动关系备案等项事务。

6. 劳动保障行政部门指定的其他有关服务。

什么是营利性职业介绍机构?

按照《劳动力市场管理规定》的规定，所谓营利性职业介绍机构，是指由法人、其他组织和公民个人举办，从事营利性职业介绍活动的服务机构。

从事职业中介活动应当遵循哪些原则?

按照就业促进法规定，用人单位通过职业中介机构招用人员，应当如实向职业中介机构提供岗位需求信息。禁止任何组织或者个人利用职业中介活动侵害劳动者的合法权益。

从事职业中介活动，应当遵循合法、诚实信用、公平、公开的原则。

用人单位通过职业中介机构招用人员，应当如实向职业中介机构提供岗位需求信息。禁止任何组织或者个人利用职业中介活动侵害劳动者的合法权益。

设立职业中介机构是否要经行政许可?

就业促进法规定，设立职业中介机构，应当依法办理行政许可。经许可的职业中介机构，应当向工商行政部门办理登记。同时还规定，未经依法许可和登记的机构，不得从事职业中介活动。

国家对外商投资职业中介机构和向劳动者提供境外就业服务的职业中介机构另有规定的，依照其规定。

开办职业介绍机构应具备哪些条件?

按照《劳动力市场管理规定》的规定，设立职业中介机构应当具备下列条件：

1. 有明确的业务范围、机构章程和管理制度。

2. 有开展业务必备的固定场所、办公设施和一定数额的开办资金。

3. 有一定数量具备相应职业资格的专职工作人员。

4. 法律、法规规定的其他条件。

开办非营利性职业介绍机构的，应当在机构章程和管理制度中体现其非营利宗旨。

职业介绍机构可以从事哪些业务？

按照《劳动力市场管理规定》等有关法律、法规的规定，职业介绍机构可以从事下列业务：

1. 为求职者介绍用人单位。

2. 为用人单位和居民家庭推荐求职者。

3. 开展职业指导、咨询服务。

4. 收集和发布职业供求信息。

5. 根据国家有关规定，从事互联网职业信息服务。

6. 经劳动保障行政部门批准，组织职业招聘洽谈会。

7. 具备相应资格的，从事劳动力跨省流动就业中介服务。

8. 经劳动保障行政部门核准的其他服务项目。

职业中介机构不得从事哪些活动？

按照就业促进法规定，职业中介机构不得有下列行为：

1. 提供虚假就业信息。

2. 为无合法证照的用人单位提供职业中介服务。

3. 伪造、涂改、转让职业中介许可证。

4. 扣押劳动者的居民身份证和其他证件，或者向劳动者收取押金。

5. 其他违反法律、法规规定的行为。

职业中介机构从事公益性服务活动可否获得补贴?

按照就业促进法规定，县级以上地方人民政府对提供公益性就业服务的职业中介机构，按照规定给予补贴。

什么是求人倍率?

求人倍率是衡量劳动力供求状况的主要指标。

求人倍率＝用人需求／求职人数

求人倍率越大，表示招人越容易，同时也表示劳动力市场景气指数在上升。比如，求人倍率为 1.35，表示 100 个求职者可以在 135 个岗位中进行选择。

如何收集职业介绍信息?

职业介绍信息包括宏观信息和微观信息两部分。宏观信息包括劳动力的总需求和总供给，就业和失业的总体状况，教育和培训的总体情况，劳动力流动大趋势，以及国家经济发展状况，产业结构、产业政策等信息资料。微观信息包括求职信息，如求职人员的素质条件、求职愿望要求；用人信息，如用人单位的生产条件、工资价位和用人要求等。

宏观信息可以通过如下方式收集：一是向劳动保障行政部门收集劳动力抽样调查结果和劳动保障统计数据；二是向统计部门收集有关统计数据；三是向用人单位收集劳动力需求有关数据；四是向经济和社会发展部门收集有关经济发展和社会发展状况的数据；五是向有关研究、咨询和社会调查机构收集有关数据信息。

微观信息主要是通过职业介绍机构自身来收集，大致有如下几种方式。一是集中收集，主要是通过职业介绍机构对招聘的用人单位和求职的个人直接进行登记来建档建卡或建立信息资源库。二是分散收集，主要是通过设置在街道、乡镇的信息网点对用人单位招聘和求职者求职进行登记，并将了解的有关信息按期报送给职业介绍机构。三是通过信息员队伍收集，职业介绍机构聘请用人单位的有关人员作为专职或兼职信息员，定期向职业介绍机构报告有关职业需求信息。四是通过职业介绍机构计算机联网收集。五是通过报刊、广播、电视等媒介收集。

劳动者求职方式有哪些？

根据《劳动力市场管理规定》和其他有关法律法规的规定，劳动者年满 16 周岁，有劳动能力且有就业愿望，符合法律规定条件，可凭本人身份证件和接受教育、培训的相关证明，通过职业介绍机构介绍或直接联系用人单位等渠道求职。劳动者求职方式主要有：

1. 职业介绍机构介绍。
2. 参加职业介绍洽谈会。
3. 查询职业介绍信息。
4. 发布求职信息。
5. 向用人单位自我推荐。
6. 其他方式。

用人单位可以通过哪些途径招用人员？

按照《劳动力市场管理规定》的规定，用人单位可以通过下列途径自主招用人员：一是委托职业介绍机构；二是参加劳动力交流洽谈活动；三是通过大众传播媒介刊播招用信息；四是利用互联网进行网上招聘；五是法律、法规规定的其他途径。

用人单位委托职业介绍机构招用人员时，应当出示单位介绍信、营业执照（副本）或其他法人登记文件、招用人员简章和经办人身份证件。用人单位通过报刊、广播、电视等大众传播媒介发布招用人员广告，经当地劳动保障行政部门审核后，按国家有关规定办理。

什么是职业指导？

职业指导是指就业服务机构（或培训教学机构）综合运用心理学、社会学、哲学、经济学等方面的知识，对求职者（或学生）和用人单位提供咨询和服务，帮助求职者选择职业，帮助用人单位招聘员工的活动，这是一种高层次的就业服务。职业指导贯穿从劳动者求职到实现就业的全过程，贯穿从制定用人计划到招聘上岗的全过程。职业指导作为一门科学，有其独特的理论体系和特殊的规律，以及专业化的工作方法。

在我国，职业指导的主要内容包括：

1. 调查分析职业变动趋势和劳动力市场供求状况。

2. 开展对劳动者，包括青年学生的个人素质和特点测试，对其职业能力进行评价。

3. 帮助求职者了解职业状况，了解职业分类，职业的性质、特点和对求职者素质的要求，使求职者全面了解职业，认识职业。

4. 向求职者传授求职方法和技巧，使求职者掌握求职艺术，增强择业能力。

5. 向求职者提出培训建议，并推荐培训机构。

6. 对妇女、残疾人等特殊群体人员提供专门的职业咨询服务。

7. 对下岗职工开展全方位的职业指导。

8. 对从事个体劳动和开办私营企业的劳动者，提供开业和经营方面的职业咨询服务。

开展职业指导应遵循什么原则?

按照有关规定，在我国，开展职业指导应遵循以下原则：

1. 尊重与自愿。职业指导人员必须尊重每一个来访的求职者和用人单位的代表，不论性别、种族、知识高低，都必须尊重对方，特别是对妇女、残疾人等就业困难群体，更要热情接待、服务周到。职业指导不能强求，要始终坚持自愿的原则，正确运用职业指导的理论和方法，从求职者的实际出发，提供就业帮助。

2. 公平与平等。职业指导人员应公正无私、平等对待每一个服务对象，为每一个服务对象提供公平竞争的条件，取得他们的信赖和好感，更好地帮助他们实现就业或选到合适求职者。

3. 引导与促进。职业指导人员应有效引导、教育和帮助求职者认识就业形势，端正就业观念，通过正确引导，积极促进求职者再就业。

4. 合理匹配。职业指导人员不但要懂得职业分类和社会职业发展的知识，还要掌握人的生理、心理特点与个体之间的差异，同时要兼顾社会需求、就业岗位供求状况、个人求职意愿、生理心理条件等多方面因素，运用职业指导的方法和手段，实现对社会人力资源进行合理有效的配置。

如何对求职者个人进行职业指导?

对求职者个人进行职业指导的基本程序有：

1. 能力评估。根据求职人员提供的个人基本情况及其个性测试结果，对求职人员职业能力进行分析和评估。

2. 职业分析。在能力评估基础上进行职业分析预测，并结合对求职人员的能力评估，帮助他们调整就业观念和求职意愿，指导其确定新的职业目标，提出职业培训建议。

3. 制订就业计划。在能力评估和职业分析后，对于就业困难的求职人员，应根据职业介绍机构服务能力，在协商的基础上，与其共同制订就业计划，确定职业介绍机构可提供的服务和求职人员的求职活动安排。对于其他求职人员，可在自愿的基础上，帮助他们制订就业计划。

4. 定期约见。根据就业计划，每隔 3 至 4 周约见一次就业困难的求职人员，检查计划执行情况，并根据实际情况对职业介绍服务内容和求职人员的求职活动进行相应调整。

5. 重新指导。对于就业计划期满仍未能实现就业的求职人员，要帮助其研究择业过程，并修改或重新制订就业计划。

如何对用人单位进行职业指导？

对用人单位进行职业指导的基本程序有：

1. 分析空岗状况。根据用人单位提供的基本情况和用人要求，以及劳动力市场供求状况等信息，对用人单位的空缺岗位进行分析，帮助用人单位了解该职业在劳动力市场职业供求中的状况。

2. 帮助用人单位调整或制订用人计划。对于不能通过现有职业介绍服务及时填补的空缺岗位，可与用人单位协商，帮助其调整工作要求和用人条件，重新制订用人计划。

3. 提供咨询服务。除帮助用人单位调整或制订用人计划外，还要及时了解用人单位劳动人事管理中的问题，主动提供相关政策咨询等服务。

开展职业指导有哪些方法?

常见的职业指导方法有：

1. 个人面谈法。即职业指导人员与求职者直接进行谈话，提供职业帮助的方法。这种方法由职业指导人员与求职者进行一对一谈话，了解求职者的基本情况、职业素质、心理状况和职业需求，直接为求职者提供建议和具体帮助。

2. 集体座谈法。即将一组求职者组织在一起，就其共同关心的职业问题进行座谈，使大家相互启发和帮助，帮助每一个人制订切实可行的就业计划。

3. 授课法。即通过系统的教学计划、教学大纲和丰富的教材，对学生进行职业指导。

4. 报告会法。即根据不同的咨询目标和课题举行专题报告会，帮助求职者学习技巧、掌握择业方法。

5. 通信联系法。通过电话或其他通信手段对求职者进行咨询、帮助。

6. 影视观摩法。通过电影、电视、录像等方式，介绍有关职业选择的知识和案例。

什么是职业指导人员资格证书制度?

职业指导资格证书是职业指导人员从业资格的证明文件。按照有关规定，从 2000 年开始，职业指导实行持证上岗制度。也是从那年开始，在全国范围内进行了职业指导人员职业资格鉴定考试工作，对考试合格者，颁发全国统一的职业指导人员职业资格证书。

职业指导人员技术等级分为四个等级，即职业指导员、助理职业指导师、职业指导师、高级职业指导师。要想取得相应的职业指导资格证书，必须具备相应的职业资格条件，经过相应的业务和技术培训，通过鉴定考核等一套严格程序。

职业指导人员资格证书制度的实施，将职业指导这一职业纳入了国家职业标准，标志着职业指导工作进入了规范化发展的轨道，对于提高职业指导人员的素质和技能，推动劳动力市场科学化、规范化、现代化建设具有十分重要的意义。

什么是就业登记?

就业登记是城镇所有要求就业的人员必须履行的一种手续。《劳动力市场管理规定》规定，用人单位招用人员后，应当自录用之日起 30 日内，到当地劳动保障行政部门办理录用备案手续，并为被录用人员办理就业登记。每一个要求就业的人员，都要到基层就业服务机构进行登记。

就业和失业的申报和登记制度是发达国家税收、社会保障体系以及就业法规和政策赖以制定和实施的基础。没有这些制度，就不能建立公正有效的社会保障机制，不能防止非法和双重或多重收入，不能保证国家对个人所得税的征收，不能提供准确的就业和失业统计数字，也就不能为制定就业政策提供科学的依据。发达国家也都非常重视就业和失业申报登记，他们的就业登记制度都由法律确定并加以明确规范。就业申报和登记制度对企业和从事自由职业者具有强制性。其主要做法有两点。一是所有雇主，无论其性质如何，都必须依法将其全部雇用人员（包括临时雇用人员）、他们的工资水平及其变化（包括奖金和其他一切由雇主发给雇员的报酬）向有关部门申报。给自己发工资的雇主和自由职业者也必须申报登记。不申报的雇工，无论其动机、性质如何，均属非法。二是雇主裁员时，必须提前书面通知裁员对象，同时必须按法定程序向上述有关部门申报。然后为被裁员工开出具有法律效力的书面证明，使之能够在失业申报和登记部门登记注册，以便享受失业保险金或失业补助金。

我国目前就业登记的范围还只限于有城镇非农业户口的求职人员。具体包括：（1）未升学的适龄青年，即指年龄在16岁到25岁、具有劳动能力、未能升学而要求就业的初、高中毕业生，以及其他要求就业的适龄青年；（2）其他社会求职人员，即指年龄超过25岁至退休年龄，具有劳动能力而又要求就业的人员；（3）下岗失业人员，即指已经参加过工作，但由于某种原因又从工作岗位上退出的人员。

就业登记的内容，主要包括五个方面：第一，登记人的自然情况，包括姓名、性别、年龄、文化程度、身体状况、婚姻状况、失业时间、技能培训情况、家庭住址等；第二，家庭情况，包括家庭人口、经济收入等；第三，本人就业要求，即愿意到什么单位，从事何种工作等；第四，签订、续订劳动合同情况；第五，申领失业保险金情况。

什么是就业统计？

就业统计是就业工作的一项基础性工作。就业统计的内容一般包括劳动力情况、就业情况、失业情况。就业统计方法主要使用两种方法进行，一种是对住户抽样调查的方法，一种是定期报表的方法，即层层上报报表，加总取得数据。做好就业统计工作具有重要意义和价值：（1）为领导决策提供强有力的支持，是研究政策的重要依据；（2）统计数据是体现各项政策落实进度的重要依据；（3）就业再就业统计数据是体现政府抓就业再就业的工作业绩。

按照就业促进法的规定，国家建立劳动力调查统计制度和就业登记、失业登记制度，开展劳动力资源和就业、失业状况调查统计，并公布调查统计结果。统计部门和劳动行政部门进行劳动力调查统计和就业、失业登记时，用人单位和个人应当如实提供调查统计和登记所需要的情况。

如何做好就业统计工作？

做好就业统计工作要把握以下原则：

1. 严格按照有关要求，准确、及时报送月度、季度、年度有关就业的统计报表和统计分析。

2. 统计分析和预测客观、全面。

3. 定期开展就业和失业情况的专项统计调查，并结合日常统计报表作出分析、建议，提供给领导和有关部门作为决策依据。

4. 各项就业和失业统计工作制度健全、有效，认真开展本地区和本系统内的就业统计管理工作。

5. 设置专职的统计人员负责综合就业统计工作。

什么是空岗信息登记制度？

空岗信息登记制度，是指用人单位应将工作岗位空缺信息向政府就业管理部门或其开办的职业介绍机构报告的制度。按照《劳动力市场管理规定》等有关法律法规的规定，用人单位应当接受当地劳动保障行政部门组织的空岗调查，并主动报告空岗情况。建立这一制度的目的在于：

1. 解决我国就业问题。在劳动力供大于求的情况下，挖掘就业岗位显得十分重要。

2. 为企业招聘用人提供更加快捷的服务。用人单位把空岗信息报告给就业管理部门后，就业服务机构可以将空岗信息和择业信息进行匹配，从而能够更好地为用人单位推荐符合要求的劳动者。

什么是劳动力调查制度？

劳动力调查制度是统计部门为准确掌握全国劳动力市场供求变化而建立的一项调查制度。其目的是为国家及时掌握和了解我国城镇失业情况，研究制定劳动就业政策，加强调控提供依据。调查范围为全国的城镇人口，具体指设区的市所辖的区，不设区的市所辖的街道以及不设区的市所辖镇的居委会和县辖镇的居委会范围内的 15 岁及 15 岁以上的人口。调查以户为单位进行，既调查家庭户，也调查集体户。全国约抽取 25 万人。调查内容是被调查者在调查时点前一周即调查周的就业与失业情况。调查时间为每年三季度 9 月 30 日前的一周，次年二、四季度为季中间月 15 日所在的一周（从周一到周日），入户时间为调查周的下一个星期。调查方法是利用当年人口变动情况抽样样本中的城镇样本进行以全国为总体，省级单位为次总体，采用分层、多阶段、整群概率比例抽样方法，对抽中的住户，由调查员进行入户访问。调查的组织方式是利用人口变动情况调查的样本进行跟踪调查，第一次调查与人口变动情况调查同时进行，将劳动力调查的主要调查项目并入人口变动情况调查表中收集有关劳动力的就业与失业情况，不再单独组织。以后几次调查对第一次调查的城镇样本进行跟踪，使用单独的城镇劳动力调查表进行调查。数据的审核、录入、编辑、汇总工作由各省、自治区、直辖市统计局负责，按季度将调查整理后的全部数据软盘通过网络传输报国家统计局。

按照就业促进法规定，国家建立劳动力调查统计制度。

什么是基层劳动就业和社会保障公共服务平台？

所谓基层劳动就业和社会保障公共服务平台，就是街道社区劳动保障工作机构，主要是对本辖区内失业人员和企事业单位退休人员进行管理，并提供服务的基层劳动保障工作组织。之所以建立基层劳动就业和社会保障公共服务平台，是因为，街道、社区对失业人员以及退休人员的情况最了解，与他们的关系最密切，管理和服务也最直接、最方便。

基层劳动就业和社会保障公共服务平台的职责和社区工作人员的任务是什么？

按照有关规定，基层劳动就业和社会保障公共服务平台职责有以下两大类型：

街道、乡镇平台设立专门服务场所或服务窗口，向劳动者和用人单位提供公共就业服务，并组织、指导、协调、监督社区、行政村平台开展公共就业服务工作，承担就业工作的基本职责。主要包括：负责组织开展就业法规政策的宣传和咨询；负责组织开展人力资源调查统计、动态管理工作；负责审核、上报就业登记、失业登记相关资料，组织开展登记失业人员日常管理工作；负责收集、发布就业信息，提供职业指导、职业介绍、农村劳动力转移就业等就业服务；组织辖区相关人员参加职业培训、创业培训和职业技能鉴定；负责社区就业岗位开发，做好公益性岗位开发管理工作，开展创建充分就业社区活动；负责审核、上报就业困难人员认定资料，组织开展就业援助工作，协助落实就业政策；做好项目推荐、开业指导、小额担保贷款、跟踪服务等创业服务工作，指导开展信用社区创建工作；负责审核、上报灵活就业人员的就业情况，协助落实社会保险补贴政策；承担上级部门安排的其他就业服务工作。

社区、行政村平台设立专门服务窗口，并开展上门入户服务，承担就业工作的基本职责。主要包括：开展就业法规政策的宣传和咨询；开展城乡人力资源调查统计，建立基础台账，并及时更新信息变化情况，实行动态管理；负责受理就业登记、失业登记申请和初审，承担登记失业人员日常管理等工作；收集、发布就业信息，开展职业指导、职业介绍、农村劳动力转移就业等就业服务；了解、掌握培训需求，收集、发布培训信息，组织推荐城乡劳动者参加职业培训、创业培训；协助开发社区就业岗位，推荐就业困难人员到公益性岗位就业，开展创建充分就业社区活动；掌握有创业意愿人员的信息，受理小额担保贷款申请，协助贷款回收，提供相关创业服务，开展信用社区创建工作；开展就业援助对象的调查摸底和日常动态管理工作，受理就业援助申请，建立管理台账和及时更新信息库，协助落实就业政策，为就业援助对象提供上门入户援助服务；调查、核实灵活就业人员的就业情况，协助落实社会保险补贴政策；承担上级部门安排的其他就业服务工作。

开展社区就业工作有哪些重点难点问题需要着重解决？

社区是劳动保障工作的重要领域，社区就业也是就业工作的一个新题目。总结一些地方经验，做好社区就业工作关键是解决好重点难点问题，把握好工作定位。主要要做好以下工作：

1. 要建立工作的载体，要在社区建立工作网络。社区就业必须依托区街，区街就业服务的网络抓不起来，岗位信息上不来，工作深入不下去，社区就业工作就没了抓手。所以，当务之急是把就业服务向社区延伸，向街道、居委会延伸。要抓住当前实行离退休人员社会化管理和开展社区就业工作的有利时机，建立健全基层工作网络。

2. 要抓住主线，培育好实体。社区就业工作的主线是就业社区岗位开发，就要围绕岗位开发制定政策、提供服务、开展培训、完善社会保障形成社区岗位开发的机制。岗位开发包括三类：一类是社区管理和公益性岗位，一类是面向社区单位的岗位，一类是面向社区居民服务的岗位。

3. 要处理好社区从业人员的劳动关系和社会保险问题。社区就业作为一个新的就业领域，从业人员往往具有地点、收入、服务对象不固定的特点。劳动关系不易建立，保险无法办理。这些都是影响社区就业的现实问题。

4. 要准确把握劳动部门定位问题。除了延伸工作网络外，主要抓好以下两点：一是制定和协调政策，创造社区就业的良好环境；二是搞好服务，如对社区劳动者提供岗位信息、职业介绍、开展培训、提供档案保管和接续社会保险关系等。

如何进一步加强基层平台就业工作人员队伍建设？

加强基层平台就业工作人员队伍建设应努力做到：

1. 扩大队伍。各地应根据统筹城乡就业工作的需要，综合考虑辖区内的就业人口、辖区面积、经济社会发展水平，特别是新成长劳动力、高校毕业生、登记失业人员、就业困难人员、农村富余劳动力等人员的就业服务需求，合理配置基层平台工作人员。鼓励"三支一扶"、大学生村官、西部志愿者等人员专职或兼职从事基层公共就业服务。采取公开招聘形式吸纳高校毕业生充实基层平台公共就业服务队伍。社区、行政村特定公益性岗位聘用符合条件人员的，可按规定给予岗位补贴和社会保险补贴，并根据职业能力水平和工作绩效相应提高岗位补贴标准，以保证骨干队伍的稳定。

2. 进一步加强基层平台就业工作人员培训工作。各地要根据就业政策和工作要求的变化情况，制定培训规划，加强对基层平台就业工作人员的政策、业务和服务技能等培训，原则上对新上岗的人员要集中开展培训，对现有人员每年要至少进行一次岗位培训，全面推行劳动保障协理员职业资格培训鉴定工作。各级人力资源和社会保障部门要积极完善保障措施，为基层平台工作人员拓宽职业生涯发展通道，注重从基层平台队伍中培养选拔优秀工作人员。

3. 着力解决基层平台就业工作经费保障问题。各地要以满足当地就业工作需要、保证公益性就业服务和就业援助的提供为原则，保证基层平台开展就业工作的工作经费、人员经费和项目经费。采取政府购买服务、费随事转、以奖代补等多种方式，按照社区、行政村完成就业任务的数量、质量给予经费支持。对国家级充分就业示范社区和省（区、市）充分就业星级社区给予重点扶持。要全面实施基层平台就业援助工作专项绩效考核，建立健全基层平台和基层工作人员就业援助工作成效与奖励挂钩的激励机制。

什么是人事代理？

人事代理是市场经济发展的一种新型人事管理制度，是指政府公共就业和人才服务机构接受用人单位或个人委托，代理有关的人事业务，并以合同的形式明确双方的权利和义务。人事代理制度实行人、档分离的管理方法，用人单位只负责对人才的使用，其人事档案、人事关系由公共就业和人才服务机构管理，实现了人事关系管理与人员使用分离，摆脱了事务性负担，节约了行政成本。

公共就业和人才服务机构可在规定业务范围内接受用人单位和个人委托，从事下列人事代理服务：

1. 流动人员人事档案管理。

2. 因私出国政审。

3. 在规定的范围内申报或组织评审专业技术职务任职资格。

4. 转正定级和工龄核定。

5. 大中专毕业生接收手续。

6. 其他人事代理事项。

什么是劳动就业服务企业?

劳动就业服务企业，又称劳服企业，是承担安置城镇待业青年任务，由国家和社会扶持进行生产自救的集体所有制经济组织。它是中国社会经济发展和经济体制改革的产物，是 20 世纪 70 年代末各地为了缓解因大批下乡知青返城形成的严峻就业形势而兴办的经济实体。这一组织形式在 20 世纪 80 年代初期至 20 世纪 90 年代中期，对缓解中国就业压力起到了很大的作用。在鼎盛时期，全国有 20 多万个劳服企业。后来，这一实体的安置对象扩大到下岗失业人员。20 世纪 90 年代中期后，劳服企业不断萎缩。

什么是“民营企业招聘周”活动?

“民营企业招聘周”活动是指由人力资源和社会保障部、全国总工会、全国工商联共同发起，由各省（自治区、直辖市）劳动保障、总工会和工商联共同组织，以鼓励帮助下岗失业人员就业再就业、组织农民工进城就业为重点，以收集用工信息、举办招聘会为主要形式促进就业的专项活动。

“民营企业招聘周”活动的主要内容有：

1. 收集整理用工信息。以全国大中城市为重点，收集当地民营企业提供的岗位需求信息，及时汇总并提供给三方所属职业介绍和职业培训机构。

2. 集中开展招聘活动。以三方所属职业介绍机构为主体，集中一周时间，在各省（自治区、直辖市）及全国 100 个大中城市开展多种形式的招聘活动，为广大下岗失业人员和城乡各类劳动者提供岗位信息。同时，可组织部分职业培训机构进入招聘现场，为有意委托培训的民营企业和有意参加技能培训的求职者提供培训服务。

3. 开展就业再就业政策宣传。

4. 及时落实就业再就业扶持政策。在招聘周期间，人力资源和社会保障部门要积极协调工商、税务、银行等部门，采取集中办公等方式，为广大民营企业和下岗失业人员提供政策咨询、权益维护等项服务。

5. 加强劳动者权益保障。招聘周期间，要对参加招聘的劳动者在签订劳动合同、工资支付、社会保障和参加工会组织等方面进行指导，将招聘录用信息向劳动者进行反馈，并为他们提供劳动争议等法律援助服务。

什么是“春风行动”？

“春风行动”是由国家人力资源和社会保障部发起，专门为进城农民工提供就业服务的活动。其目的是要为进城务工的农民撑起“一片蓝天”。“春风行动”的主题是：“进城求职，帮您解难。”工作目标是使进城务工的农村劳动者得到以下服务：一是外出务工前，在县乡免费得到政策咨询和就业信息；二是进城后，在公共职业介绍机构得到免费职业介绍服务；三是求职期间，在所有公共职业介绍机构和推荐的民办职业中介机构得到诚信服务。

“春风行动”的主要内容包括为农民工提供就业机会、保障农民工的合法权益，以及整顿劳动力中介机构等。具体工作内容如下：

1. 发放一批“春风卡”。各地要结合本地区实际情况，印制并免费发放一批方便农村劳动者进城求职的各类宣传资料（简称“春风卡”）。劳动力输入地要重点介绍公共职业介绍机构联系方式、诚信民办职业中介机构名单、求职就业指南、维权注意事项、举报电话、城市生活安全须知和劳动力需求情况等内容。劳动力输出地要重点介绍进城务工基本常识、维权注意事项、主要劳动力输入城市名单及其劳动保障部门举报电话等内容。

2. 开放一批免费服务场所。劳动力输入地的全部公共职业介绍机构都要向进城务工的农村劳动者开放，并提供免费政策信息咨询和职业介绍服务。有条件的地方还可开设供求直接见面的零工交易场所。劳动力输出地的县乡就业服务机构要以多种方式为外出务工的农村劳动者提供免费的就业信息和政策咨询服务。

3. 推荐一批民办服务机构。各地面向社会推荐一批服务比较规范、群众比较满意的民办职业中介机构，并通过进行广泛宣传，引导进城求职的农村劳动者到合法职业中介机构求职。

4. 提供一批进城就业岗位。劳动力输入地要组织各类职业介绍机构，并鼓励各类民营企业积极参与，提供一批适合于农村劳动者的就业岗位，利用春节后农村劳动者集中进城求职的时间，通过举办招聘洽谈会等方式，帮助一批进城务工农村劳动者实现就业。劳动力输出地要在春节前掌握一批进城务工的岗位信息，通过与输入地之间建立沟通合作机制，在春节后组织一批农村劳动者实现有组织的劳务输出。

第七编
就业援助

什么是就业援助？

所谓就业援助，是指政府部门组织的为就业困难的失业人员提供专项帮助的活动。国务院有关就业政策规定，公共就业服务机构要实施就业援助计划，依托街道社区劳动保障工作平台对就业困难对象实行专人帮扶，提供有针对性的就业服务和公益性岗位援助。凡是由政府投资开发的公益性岗位，要首先满足困难对象就业的需要。对愿意接受政府有关部门提供公益性岗位的就业困难对象，及时为其提供公益性就业岗位。

什么是就业援助制度？

对就业困难人员实施优先扶持和重点帮助的就业援助，是构建社会主义和谐社会的基础工作之一，充分体现国家对就业困难人员的关怀。就业促进法明确规定各级人民政府建立健全就业援助制度，这包括四个方面：

1. 明确了就业援助的对象，即就业困难人员。
2. 明确了就业援助的措施。
3. 特别规定了对城市零就业家庭的就业援助。
4. 规定了对就业压力大的特定地区的扶持。

当前就业援助工作的目标任务是什么？

目前，我国大多数地区已初步形成了就业援助制度，取得了很多切实有效的工作经验，但在工作中还存在着管理方式粗放、服务针对性不强、政策落实不到位等突出问题。面对严峻的就业形势和繁重的就业任务，为更多更好地帮助就业援助对象实现就业，必须按照精细化、长效化的要求，全面加强就业援助工作。各地要将符合条件的人员全部纳入就业援助范围，普遍实行就业援助对象实名制动态管理，精心组织实施专业化和个性化就业援助，全面落实各项扶持政策，建立“出现一人，认定一人，扶助一人，稳定一人”的就业援助工作机制，努力使未就业的援助对象获得更具针对性的重点帮助以及时就业，确保已就业的援助对象切实享受政策扶持以稳定就业。

什么是就业困难人员？

就业困难人员主要是指因身体状况、技能水平、家庭因素、失去土地等原因难以实现就业，以及连续失业一定时间仍未能实现就业的人员。就业困难人员的具体范围由省、自治区、直辖市人民政府根据本行政区域的实际情况规定。

过去一度曾把有劳动能力和就业愿望的 50 周岁以上男性，40 周岁以上女性，称为就业困难群体，简称“4050”人员。

如何完善就业困难人员登记认定办法？

各地要简化登记认定程序，使各类援助对象都能够在社区进行登记。对未进行失业登记的，要首先进行失业登记，并核发就业失业登记证明；对符合援助对象条件的，要按照规定程序及时予以公示认定，核发就业援助卡，就业援助卡与就业失业登记证明同时使用。要及时掌握援助对象的就业状态和具体情况，以社区台账和信息系统为载体，做到基本信息登记造册和动态信息及时更新。对无正当理由不接受就业援助服务或已不符合就业援助对象条件的人员，不再作为援助对象对待。

就业援助的措施包括哪些？

就业援助的措施包括以下几个方面：

1. 各级人民政府建立健全就业援助制度，采取税费减免、贷款贴息、社会保险补贴、岗位补贴等办法，通过公益性岗位安置等途径，对就业困难人员实行优先扶持和重点帮助。

2. 地方各级人民政府加强基层就业援助服务工作，对就业困难人员实施重点帮助，提供有针对性的就业服务和公益性岗位援助。鼓励和支持社会各方面为就业困难人员提供技能培训、岗位信息等服务。

3. 政府投资开发的公益性岗位应当优先安排符合岗位要求的就业困难人员。被安排在社区公益性岗位工作的，按照国家规定给予岗位补贴。

4. 各级人民政府采取特别扶助措施，促进残疾人就业，并要求用人单位应当按照国家规定安排残疾人就业。

什么是公益性岗位？

就业促进法规定，公益性岗位是指由政府投资开发，享受一定的政策优惠、财政扶持，并以安排就业困难人员为主的工作岗位。因此，公益性岗位一般具有如下三个特征：政府投资开发、优先安排就业困难人员和岗位补贴。

什么是城市零就业家庭？

零就业家庭，是指法定劳动年龄内的家庭人员均处于失业状况的城市居民家庭。

零就业家庭成员，是指法定劳动年龄内的家庭人员均处于失业状况的城市居民家庭中的登记失业人员。

法律对援助城市零就业家庭有哪些要求？

就业促进法规定，县级以上地方人民政府采取多种就业形式，拓宽公益性岗位范围，开发就业岗位，确保城市有就业需求的家庭至少有一人实现就业。同时规定街道、社区公共就业服务机构在就业援助中的具体职责。

什么是资源开采型城市？

资源开采型城市是城市职能分类中的一个重要类别，是指依靠开发自然资源为主要职能建立起来的城市。一般指依托矿产资源开发成立的城市。

什么是独立工矿区？

独立工矿区，多是距离城市一定距离，依靠矿产资源，开办工矿企业而发展起来的。

法律对资源开采型城市和独立工矿区就业援助有哪些规定？

就业促进法规定，国家鼓励资源开采型城市和独立工矿区发展与市场需求相适应的产业，引导劳动者转移就业。对因资源枯竭或者经济结构调整等原因造成就业困难人员集中的地区，上级人民政府应当给予必要的扶持和帮助。

就业援助主体是谁？

街道、社区公共就业服务机构是直接面向就业援助对象的服务主体。就业援助制度的实施以申请和登记为重要基础，街道、社区公共就业服务机构是主要执行者。各项就业援助政策的落实需要街道、社区公共就业服务机构工作人员的具体帮助。就业援助将是街道、社区公共就业服务的中心工作。

就业促进法关于地方各级人民政府基层就业援助服务工作的规定有哪些？

对就业困难人员，地方各级人民政府应提供有针对性的就业服务和公益性岗位援助。政府举办公共就业服务机构，向用人单位和求职者提供免费服务，帮助各类就业困难群体实现就业，是国际上的通行做法。其中，针对就业困难人员提供的就业服务主要包括职业介绍、职业指导、就业训练、社区就业岗位开发服务等。

公共职业介绍机构在就业援助行动中，必须提供哪些职业指导服务？

在就业援助行动中，公共职业介绍机构对前来求职的就业困难人员必须免费进行职业指导，具体要求是：

1. 要使他们了解当前就业形势和国家就业政策，转变就业观念，树立自主创业意识。

2. 帮助他们分析自身条件，确定适合自身状况的职业定位，积极自谋职业和采取灵活方式实现再就业。

3. 介绍和推荐实现再就业者的成功之路和再就业途径，激发他们再就业的主动性。

就业困难人员可得到哪些就业信息和岗位帮助？

就业困难人员在政府劳动保障部门公共职业介绍机构可免费得到如下就业信息和岗位帮助：

1. 每一位有再就业愿望的困难群体人员可得到三次基本符合其条件的就业信息。

2. 参加专场招聘会。

3. 参加劳务输出的，在输入地公共职业介绍机构也可得到有关帮助。

公共职业介绍机构可为就业困难人员提供哪些劳动保障事务代理服务？

公共职业介绍机构及其街道劳动保障机构，可为就业困难人员提供以下劳动保障事务委托代理服务：

1. 可以帮助他们接续社会保险关系。

2. 免费存放档案，并提供有关服务。

3. 为实现自谋职业的下岗失业人员提供有偿存放档案服务，并受其委托代理其他劳动保障事务。

什么是“就业援助月”？

“就业援助月”是在每年元旦、春节期间开展的，重点针对就业困难人员的就业援助专项活动。2001 年，劳动保障部（现称人力资源和社会保障部）发出《关于开展再就业援助月行动的通知》，首次组织了针对协议期满将出中心或已出中心但再就业困难的下岗职工和失业人员的就业援助活动。

“就业援助月”活动工作内容是什么？

“就业援助月”活动的主要内容是送政策、送岗位、送服务、送技能、送温暖和落实社会保险补贴政策（简称“五送一落实”）。

1. 送政策。（1）将就业促进法、就业政策、创业政策汇编成册，免费发放给每一位援助对象。（2）开展就业促进法、就业政策、创业政策咨询。针对不同人员的特点，讲透政策内容，说明办事途径和方法。（3）在人力资源市场（劳动力市场）服务大厅，于“就业援助月”活动期间每周集中半天开展一次送政策活动。

2. 送岗位。（1）通过公告栏、新闻媒体、宣传单、网站、手机短信等多种形式发布有针对性、实用性的就业岗位信息。（2）要开展上门服务，向每一位有就业愿望的援助对象提供符合条件的公益性岗位、就业岗位信息。（3）各地人力资源市场（劳动力市场）、公共就业服务机构、职业介绍机构要举办多种形式的就业洽谈会和招聘会，特别是要到就业困难人员集中的企业和地区，组织专场招聘会，将就业岗位直接送给困难就业人员。（4）街道、社区劳动保障工作机构和有关部门，集中开发一批公益性岗位，优先安置零就业家庭人员等就业困难人员。同时，跟踪了解其就业状况，落实扶持政策，探索解决就业不稳定问题。（5）继续做好零就业家庭就业援助工作，在援助月期间加大公益性岗位开发力度，确保有就业需求的零就业家庭中至少有一人实现就业。（6）积极开展城镇零就业家庭人员等就业困难人员创业促就业活动，兴办就业实体，增加就业岗位，扩大就业规模，为重点援助对象提供小额担保贷款、开业指导、项目开发和推介、创业培训、跟踪扶持等一系列服务活动。

3. 送技能。（1）选择市场有需求，且适合下岗失业人员从事的职业（工种），采取政府购买培训成果或通过其他方式确立一批技能培训项目。（2）向每一位愿意接收技能培训和鉴定的援助对象提供免费培训和鉴定信息。（3）要积极为就业重点援助对象开展有针对性的各种类型的培训，包括：职业技能培训、创业培训 SIYB（创办和改善你的企业）培训和焊工、电工、厨师等实用性强的培训。

4. 送服务。（1）依托街道乡镇社区劳动保障工作平台，就近为援助对象提供相关的劳动保障服务和创业服务。（2）组织各级就业服务机构和街道社区劳动保障工作人员为每一位急需就业的重点援助对象开展一对一的免费就业服务，针对其在求职就业、开展创业、享受再就业扶持政策和其他劳动保障政策方面的不同需求，确定具体服务内容，采取上门服务、集体职业指导、发放政策宣传资料、在街道和社区张贴岗位和培训信息等方式，为就业援助对象服务。（3）各级就业服务机构以及小额担保贷款机构要组织开展小额担保贷款集中发放仪式。

5. 送温暖。（1）积极配合民政、国资等部门和工会组织，开展送温暖活动。（2）要结合实际，采取多种措施，确保城镇零就业家庭人员等就业困难人员的基本生活。

6. 落实社会保险补贴。（1）对已在公益性岗位就业的零就业家庭人员、就业困难人员享受社保补贴和岗位补贴政策的情况进行一次检查，逐一落实每一位援助对象的社保补贴，按照新政策增加医疗保险补贴。（2）落实在社区工作的劳动保障协管员的岗位补贴，结合工作业绩考核和当地经济社会发展实际情况，适当提高岗位补贴标准。（3）对已灵活就业的零就业家庭人员、就业困难人员，组织其申报就业，参加社会保险，并帮助其落实社会保险补贴。（4）对在公益性岗位上新安置的零就业家庭人员，要全面落实新的岗位补贴和社保补贴政策。

如何实现就业援助精细化？

实现就业援助精细化要把握以下基本原则：

1. 实施分类帮扶，落实跟踪服务。各地要根据每一位援助对象的需求和特点，研究制定个性化的援助方案，设计安排专门的服务路径和援助措施，以援助协议的方式实施“一人一策”的重点帮扶。要为已就业的援助对象提供主动的跟踪服务，街道和乡镇、社区和行政村基层平台工作人员要主动上门提供服务，县级以上公共就业服务机构要定期安排人员深入基层，及时了解掌握援助对象享受政策情况，帮助他们解决就业过程中遇到的实际困难。

2. 提供优先服务，提高服务成效。各级公共就业服务机构都要将援助对象作为优先服务的重点群体，按照人本服务要求，对就业援助各个具体工作环节，制定并实施特殊的服务流程和服务标准，明确各项援助工作的内容、时间和效果要求，实行“首问负责制”，将责任落实到具体工作机构和工作人员，使援助对象在各级公共就业服务机构能够优先得到标准化、专业化的重点帮助。

3. 大力开发岗位，全面落实政策。各地要大力开发公益性岗位，结合当地经济社会发展需要拓展岗位范围，扩大岗位规模，及时落实岗位补贴和社保补贴政策，完善公益性岗位开发和管理制度。要引导鼓励企业吸纳援助对象，帮助企业及时享受到相关政策。要积极帮助一批援助对象自主创业，着力做好创业培训、开业指导、小额贷款和跟踪服务等“一条龙”服务工作。要将短期内未就业的援助对象及时组织到职业培训中，并落实职业培训补贴政策。

如何健全就业援助工作基本制度？

各地要在总结就业援助工作成功经验的基础上，形成并完善就业援助各主要工作环节的制度化安排，包括登记认定制度、动态管理制度、分类帮扶制度、跟踪服务制度等，并加强对各项制度落实情况的监督管理，确保各项工作全面、顺利地开展，实现就业援助工作常态化、规范化。

如何完善就业援助工作保障措施？

各地要优先保障就业援助工作所需的政策、资金、人员、设备、设施等基本条件，进一步优化落实政策的经办程序，完善政策补贴资金保障机制。要进一步加强街道和乡镇、社区和行政村基层平台基础设施和就业服务能力建设，为基层平台开展就业援助各项基础工作提供有力支持和帮助。要充实基层平台就业工作人员力量，加强人员业务培训，全面推行劳动保障协理人员职业资格培训鉴定工作，不断提高他们的政策和业务水平。

如何增强信息化对就业援助工作的支撑力度?

各地要全力推进就业援助工作信息化工作，将各项管理信息和服务信息纳入公共就业服务信息系统统一管理。有计划、分阶段地实现就业援助全程信息化管理，以地级城市或省级地区为单位，全面实现就业援助对象登记认定信息、就业状态信息、援助服务信息、享受政策信息的统一采集、统一使用、统一管理。实行社会保障卡的地区要将就业援助工作基本信息纳入社会保障卡。

如何实行就业援助工作绩效管理?

各地要研究制定就业援助工作绩效考核指标体系和考核办法，根据各级促进就业行政部门、县级以上公共就业服务机构和基层工作平台分别承担的就业援助工作职责和完成任务的具体情况，全面实施就业援助工作专项绩效考核，并建立健全就业援助工作成效与奖励挂钩的激励机制。激励机制要重点向基层平台和基层工作人员倾斜。

如何加强就业援助组织领导?

各级人力资源和社会保障部门要对本地区就业援助工作进行统一规划部署，明确相关机构的职责任务，形成主管领导亲自抓、行政职能部门政策支持、工作机构和基层平台共同实施的就业援助工作格局。要将就业援助工作列入当地就业工作联席会议重要议程，加强与相关部门的联系协作，重点落实完善就业援助政策、增强基层平台能力和保障补贴资金等工作，为提升就业援助工作水平和实效提供有力保障。各地要进一步加强就业援助工作指导，实施季度调度制度，逐级上报工作进展情况，并按照《就业援助工作情况》（人社统 EP8 号）要求，按季度上报就业援助工作统计报表。

如何加大就业援助工作宣传力度？

各地要采取贴近群众的宣传形式，做到政策宣讲到人、措施说明到位，帮助就业困难人员了解就业援助具体政策措施。要通过各种媒体广泛宣传政府为就业困难人员和零就业家庭提供帮助的具体政策和工作措施，努力营造全社会关心和支持就业援助工作的良好氛围。

第八编
高校毕业生就业政策

为什么要高度重视高校毕业生就业创业工作？

高校毕业生，一般是指中央部门和地方所属全日制公办普通高等学校、民办普通高等学校和独立学院的全日制普通本专科、研究生、第二学士学位应届毕业生。

高校毕业生是国家宝贵的人才资源。做好高校毕业生就业创业工作，对于保持就业形势稳定，促进经济社会健康发展具有重要意义。当前和今后一个时期，全国高校毕业生数量继续增加，就业工作任务十分艰巨。对此，中共中央、国务院高度重视。党的十八届三中全会、中央经济工作会议对做好当前和今后一段时期高校毕业生就业创业工作提出明确要求，国务院对做好今年高校毕业生就业创业工作作出新的部署。各地区、各部门要切实将思想和行动统一到中共中央、国务院的决策部署上来，充分认识做好高校毕业生就业创业工作的重要性和紧迫性，聚焦重点难点，继续把高校毕业生就业创业摆在就业工作的首要位置和整个经济社会发展的重要位置。要多方位拓宽就业渠道，结合产业转型升级，开发更多适合高校毕业生的就业岗位，尤其要加快发展就业吸纳能力强的服务业，着力发展研发设计、现代物流、融资租赁、检验检测等对高校毕业生需求比较集中的生产性服务业，同时加快发展各类生活性服务业，拓展新领域，发展新业态，不断提高服务业从业人员比重。要充分发挥市场配置人力资源的决定性作用，着力改革创新，完善政策措施，强化就业创业服务，改善就业创业环境，引导高校毕业生转变就业观念，力争实现高校毕业生就业和创业比例都有所提高，确保高校毕业生就业形势稳定。

哪些机构可为高校毕业生提供就业服务？

1. 公共就业和人才服务机构。由各级人力资源和社会保障部门举办的公共就业和人才服务机构，为高校毕业生免费提供政策咨询、就业信息、职业指导、职业介绍、就业援助、就业与失业登记或求职登记等各项公共服务，按规定为登记失业高校毕业生免费提供人事档案管理等服务。此外，还定期开展面向高校毕业生的公共就业和人才服务专项活动，比如每年 5 月"民营企业招聘周"、每年 9 月"高校毕业生就业服务月"、每年 11 月"高校毕业生就业服务周"等，为高校毕业生和用人单位搭建供需对接平台。

2. 高校毕业生就业指导机构。目前，各省教育部门、各高校普遍建立了高校毕业生就业指导机构，为毕业生提供就业咨询、用人单位招聘及实习实训信息、求职技巧、职业生涯辅导、毕业生推荐、实习实践能力提升和就业手续办理等多项就业指导和服务。

3. 职业中介机构。主要包括从事人力资源服务的经营性机构。政府鼓励各类职业中介机构为高校毕业生提供就业服务，对为登记失业高校毕业生提供服务并符合条件的职业中介机构按规定给予职业介绍补贴。

高校毕业生获取就业信息的主要渠道有哪些？

高校毕业生获取就业信息的主要渠道，大致有：

1. 浏览各类就业信息网站，包括中央有关部门主办的全国性就业信息网站、地方有关部门主办的就业信息网站、各高校就业信息网站及校内 bbs 求职版面、其他专业性就业网站等。

2. 参加各类招聘和双向选择活动，包括国家有关部门、各地、学校、用人单位等相关机构组织的各类现场或网络招聘活动。

3. 参与校企合作实习，包括社会实践、毕业实习等活动。

4. 查阅媒体广告，如报纸、刊物、电台、电视台、视频媒体等。

5. 他人推荐，如导师、校友、亲友推荐等。

6. 主动到单位求职自荐等。

在校期间高校毕业生可以通过哪些途径提升就业能力？

在学好专业知识技能的同时，根据学校要求或安排，毕业生可以通过选修或必修就业指导课程，参与学校组织的就业实习、技巧辅导、模拟招聘等活动，学习和了解相关职业的资料和信息，充分借助社会实践平台，全面提升就业能力。

高校毕业生还可通过学校实施的毕业证书与职业资格证书“双证书”制度，组织到企业顶岗实习，参加人力资源和社会保障部门认定的定点机构开展的职业技能培训等，切实增强自身的岗位适应能力与就业竞争力，促进职业素养的养成。

面对求职困难高校毕业生该如何应对？

面对求职困难，高校毕业生应积极乐观应对：

1. 主动了解国家促进就业的相关政策，努力争取各方支持。

2. 主动联系学校就业指导老师和专业教师，并保持经常沟通。

3. 积极参加校园招聘会和各类人才洽谈会。

4. 主动到各级人力资源和社会保障部门所属的公共就业和人才服务机构进行求职登记，获得免费的政策咨询、就业信息、职业指导、职业介绍、就业援助等服务。

5. 通过网络等各种渠道，广泛搜集社会需求信息。

6. 充分利用亲友、校友、学校社团等资源，积极获取就业信息。

7. 了解社会发展动态，树立正确的就业观，合理调整求职预期。

如何为高校毕业生创造公平的就业环境？

各地区、各有关部门要积极采取措施，促进就业公平。用人单位招聘不得设置民族、种族、性别、宗教信仰等歧视性条件，不得将院校作为限制性条件。省会及以下城市用人单位招聘应届毕业生不得将户籍作为限制性条件。国有企业招聘应届高校毕业生，除涉密等特殊岗位外，要实行公开招聘，招聘应届高校毕业生信息要在政府网站公开发布，报名时间不少于7天；对拟聘人员应进行公示，明确监督渠道，公示期不少于7天。各地区、各有关部门要严厉打击非法中介和虚假招聘，依法纠正性别、民族等就业歧视现象。

各地区、各有关部门要消除高校毕业生在不同地区、不同类型单位之间流动就业的制度性障碍。

如何加强就业指导和就业服务？

各地区、各有关部门、各高校要根据高校毕业生特点和求职需求，创新服务方式，改进服务措施，提高服务质量，促进更多的高校毕业生通过市场实现就业。加强网络信息服务，建立健全全国公共就业信息服务平台，加快招聘信息全国联网，更多开展网络招聘，为用人单位招聘和高校毕业生求职提供高效便捷的就业信息服务。积极开展公共就业人才服务进校园活动，为高校毕业生送政策、送指导、送信息，特别是要让高校毕业生知晓获取就业政策和岗位信息的渠道。精心组织民营企业招聘周、高校毕业生就业服务月、就业服务周、部分大中城市联合招聘高校毕业生专场活动和每季度的全国高校毕业生网络招聘月等专项服务活动，搭建供需信息平台，积极促进对接。高校要加强就业指导课程和学科建设，积极聘请专家学者、企业人力资源经理、优秀校友担任就业导师。

国家对鼓励中小企业吸纳高校毕业生有哪些政策措施？

各地区、各有关部门要认真落实《国务院关于进一步支持小型微型企业健康发展的意见》，为小型微型企业发展创造良好环境，推动小型微型企业在转型升级过程中创造更多岗位吸纳高校毕业生就业。对小型微型企业新招用毕业年度高校毕业生，签订 1 年以上劳动合同并按时足额缴纳社会保险费的，给予 1 年的社会保险补贴。科技型小型微型企业招收毕业年度高校毕业生达到一定比例的，可申请最高不超过 200 万元的小额担保贷款，并享受财政贴息。对小型微型企业新招用高校毕业生按规定开展岗前培训的，各地要根据当地物价水平，适当提高培训费补贴标准。

服务外包企业吸纳高校毕业生有哪些财政支持？

按照《国务院办公厅关于鼓励服务外包产业加快发展的复函》（国办函〔2010〕69 号）、人力资源和社会保障部、商务部《关于加快服务外包产业发展促进高校毕业生就业的若干意见》等文件规定，对符合条件的服务外包企业，每新录用 1 名大学以上学历员工从事服务外包工作并签订 1 年期以上劳动合同的，给予企业不超过每人 4500 元的培训支持；对符合条件的培训机构培训的从事服务外包业务人才（大学以上学历），通过服务外包业务专业知识和技能培训考核，并与服务外包企业签订 1 年期以上劳动合同的，给予培训机构每人不超过 500 元的培训支持。

服务外包企业吸纳高校毕业生参加就业见习的，享受相关财政补助政策。服务外包企业吸纳就业困难高校毕业生就业，享受社会保险补贴等扶持政策。就业困难高校毕业生参加服务外包培训可按规定享受职业培训补贴和职业技能鉴定补贴。

高校毕业生怎样办理人事代理？

按照《人才市场管理规定》的有关规定，人事代理方式可由单位集体委托代理，也可由个人委托代理；可多项委托代理，也可单项委托代理；可单位全员委托代理，也可部分人员委托代理。

单位办理委托人事代理，须向代理机构提交有效证件以及委托书，确定委托代理项目。经代理机构审定后，由代理机构与委托单位签订人事代理合同书，明确双方的权利和义务，确立人事代理关系。

高校毕业生如何与用人单位订立劳动合同？

劳动合同法规定，建立劳动关系，应当订立书面劳动合同。已建立劳动关系，未同时订立书面劳动合同的，应当自用工之日起 1 个月内订立书面劳动合同。法律还规定，用人单位招用劳动者时，应当如实告知劳动者工作内容、工作条件、工作地点、职业危害、安全生产状况、劳动报酬，以及劳动者要求了解的其他情况；用人单位有权了解劳动者与劳动合同直接相关的基本情况，劳动者应当如实说明。用人单位招用劳动者，不得扣押劳动者的居民身份证和其他证件，不得要求劳动者提供担保或者以其他名义向劳动者收取财物。

高校毕业生如何处理劳动人事纠纷？

发生劳动人事争议，可以通过协商解决。当事人不愿协商或协商不成的，可以向调解组织申请调解；不愿调解、调解不成或者达成调解协议后不履行的，可以向劳动人事争议仲裁委员会申请仲裁；对仲裁裁决不服的，除法律另有规定的外，可以向人民法院提起诉讼。

对用人单位违反劳动保障法律、法规和规章的情况，高校毕业生可向人力资源和社会保障部门举报、投诉。劳动保障监察机构将依法受理，纠正和查处有关违法行为。

什么是基层就业？

基层就业就是到城乡基层工作。国家近几年出台了一系列优惠政策鼓励高校毕业生积极参加社会主义新农村建设、城市社区建设和应征入伍。一般来讲，“基层”既包括广大农村，也包括城市街道社区；既涵盖县级以下党政机关、企事业单位，也包括社会团体、非公有制组织和中小企业；既包含单位就业，也包括自主创业、自谋职业。

国家鼓励毕业生到基层就业的主要优惠政策包括哪些？

按照国务院关于做好普通高等学校毕业生就业工作的有关文件规定，主要有以下优惠：

1. 各地要根据统筹城乡经济和加快基本公共服务发展的需要，大力开发社会管理和公共教育、医疗卫生、文化等领域服务岗位，增加高校毕业生就业机会。要进一步完善相关政策，重点解决好他们在工资待遇、社会保障、人员编制、户口档案、职称评定、教育培训、人员流动、资金支持等方面面临的实际问题，鼓励和引导高校毕业生到城乡基层特别是城市社区和农村教育、医疗卫生、文化、科技等基层岗位工作。

2. 对到农村基层和城市社区从事社会管理和公共服务工作的高校毕业生，符合公益性岗位就业条件并在公益性岗位就业的，按照国家现行促进就业政策的规定，给予社会保险补贴和公益性岗位补贴。

3. 对到农村基层和城市社区其他社会管理和公共服务岗位就业的，给予薪酬或生活补贴，同时按规定参加有关社会保险。

4. 对到中西部地区和艰苦边远地区县以下基层单位就业，并履行一定服务期限的高校毕业生，以及应征入伍服义务兵役的高校毕业生，按规定实施相应的学费补偿和国家助学贷款代偿。

5. 自 2012 年起，省级以上机关录用公务员，除部分特殊职位外，均应从具有 2 年以上基层工作经历的人员中录用。市（地）级以下机关特别是县乡机关招录公务员，应采取有效措施积极吸引优秀应届高校毕业生报考，录用计划应主要用于招收应届高校毕业生。

6. 对具有基层工作经历的高校毕业生，在研究生招录和事业单位选聘时实行优先政策。

什么是基层社会管理和公共服务岗位？

所谓基层社会管理和公共服务岗位，包括大学生村官、支教、支农、支医、乡村扶贫，以及城市社区的法律援助、就业援助、社会保障协理、文化科技服务、养老服务、残疾人居家服务、廉租房配套服务等岗位。

2009 年 4 月，人力资源和社会保障部下发《关于公布第一批基层社会管理和公共服务岗位目录的通知》，向社会公布第一批基层社会管理和公共服务岗位目录，以指导各地做好鼓励和引导高校毕业生到基层就业的工作。这批发布的岗位目录共分为基层人力资源和社会保障管理，基层农业服务，基层医疗卫生服务，基层文化科技服务，基层法律服务，基层民政、托老托幼、助残服务，基层市政管理，基层公共环境与设施管理维护以及其他九大类领域，包括在街道（乡镇）、社区（村）等基层单位从事公共就业服务、社会保障、劳动关系协调、劳动监察、农业、扶贫开发、医疗、卫生、保健、防疫、文化、科技、体育、普法宣传、民事调解、托老、养老、托幼、助残、公共设施设备管理养护等相关事务管理服务工作的 50 种岗位。

为鼓励高校毕业生面向基层就业，实施学费补偿和助学贷款代偿政策的主要内容是什么？

按照《财政部、教育部关于印发〈高等学校毕业生学费和国家助学贷款代偿暂行办法〉的通知》等文件规定，中央部门所属高校应届毕业生（全日制本专科、高职生、研究生、第二学士学位毕业生）到中西部地区和艰苦边远地区基层单位就业、服务期在 3 年以上（含 3 年）的，其学费由国家实行补偿。在校学习期间获得国家助学贷款（含高校国家助学贷款和生源地信用助学贷款，下同）的，补偿的学费优先用于偿还国家助学贷款本金及其全部偿还之前产生的利息。定向、委培以及在校期间已享受免除全部学费政策的学生除外。

国家实施补偿学费和代偿助学贷款的就业地域范围包括哪些？

国家对到中西部地区和艰苦边远地区基层单位就业，并履行一定服务期限的中央部门所属高校毕业生，按规定实施相应的学费补偿和助学贷款代偿。这里涉及的地域范围，主要包括：

1. 西部地区：西藏、内蒙古、广西、重庆、四川、贵州、云南、陕西、甘肃、青海、宁夏、新疆 12 个省（自治区、直辖市）。

2. 中部地区：河北、山西、吉林、黑龙江、安徽、江西、河南、湖北、湖南、海南 10 个省。

3. 艰苦边远地区：除上述地区外，由国务院确定的经济水平、条件较差的一些州、县和少数民族地区（详情可登录中国政府网查询：http://www.gov.cn）。

所谓基层单位是指：

1. 中西部地区和艰苦边远地区县以下机关、企事业单位，包括乡（镇）政府机关、农村中小学、国有农（牧、林）场、农业技术推广站、畜牧兽医站、乡镇卫生院、计划生育服务站、乡镇文化站等。

2. 工作现场地处以上地区县以下的气象、地震、地质、水电施工、煤炭、石油、航海、核工业等中央单位艰苦行业生产第一线。

学费补偿和助学贷款代偿的标准和年限是多少？

每生每学年补偿学费和代偿国家助学贷款的金额最高不超过 6000 元。在校学习期间每年实际缴纳的学费或获得的国家助学贷款低于 6000 元的，按照实际缴纳的学费或获得的国家助学贷款金额实行补偿或代偿。每年实际缴纳的学费高于 6000 元的，按照每年 6000 元的金额实行补偿或者代偿。

本科、专科（高职）、研究生和第二学士学位毕业生补偿学费或代偿国家助学贷款的年限，分别按照国家规定的相应学制计算。在校学习的时间低于相应学制规定年限的，按照实际学习时间计算补偿学费或代偿助学贷款年限。在校学习时间高于相应学制年限的，按照学制规定年限计算。

每年代偿学费或国家助学贷款总额的三分之一，3 年代偿完毕。

高校毕业生如何申请学费补偿和助学贷款代偿？

中央部门所属高校毕业生按下列规定申请学费补偿和助学贷款代偿：

1. 在办理离校手续时向学校递交《学费和国家助学贷款代偿申请表》和毕业生本人、就业单位与学校三方签署的到中西部地区和艰苦边远地区基层单位服务3年以上的就业协议。

2. 在校学习期间获得国家助学贷款的，在与国家助学贷款经办银行签订毕业后还款计划时，注明已申请国家助学贷款代偿，如获得国家助学贷款代偿资格，不需自行向银行还款。

3. 高校负责审查申请资格并上报全国学生资助管理中心。

地方所属高校毕业生到基层就业是否可以获得学费补偿或国家助学贷款代偿，以及如何申请办理补偿或代偿等，请向学校所在地人民政府有关部门查询。

到基层就业如何办理户口、档案、党团关系等手续？

对到西部县以下基层单位和艰苦边远地区就业的高校毕业生，实行来去自由的政策，户口可留在原籍或根据本人意愿迁往就业地区；人事档案原则上统一转至就业单位所在地的县级人民政府人力资源和社会保障部门，由公共就业和人才服务机构提供免费人事代理服务；党团组织关系转至就业单位，在工作期间积极要求入党的，由乡镇一级党组织按规定程序办理。

中央有关部门实施了哪些基层就业项目？

近年来，中央各有关部门主要组织实施了四个引导高校毕业生到基层就业的专门项目，包括：团中央、教育部、财政部、人力资源和社会保障部等四部门从2003年起组织实施的“大学生志愿服务西部计划”；中组部、人力资源和社会保障部、教育部等八部门从 2006 年开始组织实施的“三支一扶”（支教、支农、支医和扶贫）计划；教育部、财政部、人力资源和社会保障部、中央编办四部门从 2006 年开始组织实施的“农村义务教育阶段学校教师特设岗位计划”；中组部、教育部、财政部、人力资源和社会保障部四部门从 2008 年起组织实施的“选聘高校毕业生到村任职工作”。

人力资源和社会保障部门积极会同有关部门，按照统一征集岗位、统一发布公告、统一组织考试、统一服务管理的原则，统筹实施基层服务项目，做好各类项目之间的政策衔接，进一步落实对服务期满考核合格人员的就业政策措施。

什么是农村义务教育阶段学校教师特设岗位计划？

2006 年，教育部、财政部、原人事部、中央编办下发《关于实施农村义务教育阶段学校教师特设岗位计划的通知》，联合启动实施“特岗计划”，公开招聘高校毕业生到“两基”攻坚县农村义务教育阶段学校任教。特岗教师聘期 3 年。

农村教师“特岗计划”招聘对象和条件是什么？

农村教师“特岗计划”招聘对象和条件主要包括：

1. 以高等师范院校和其他全日制普通高校应届本科毕业生为主，可招少量应届师范类专业专科毕业生。

2. 取得教师资格，具有一定教育教学实践经验，年龄在 30 岁以下的全日制普通高校往届本科毕业生。

3. 参加过“大学生志愿服务西部计划”、有从教经历的志愿者和参加过半年以上实习支教的师范院校毕业生同等条件下优先。

4. 报名者应同时符合教师资格条件要求和招聘岗位要求。

农村教师“特岗计划”的招聘程序有哪些？

特岗教师实行公开招聘，合同管理。合同规定用人单位和应聘人员双方的权利和义务。

招聘工作由省级教育、人力资源和社会保障、财政、编办等相关部门共同负责，遵循“公开、公平、自愿、择优”和“三定”（定县、定校、定岗）原则，按下列程序进行：1. 公布需求；2. 自愿报名；3. 资格审查；4. 考试考核；5. 集中培训；6. 资格认定；7. 签订合同；8. 上岗任教。

什么是选聘高校毕业生到村任职？

2008 年，中组部、教育部、财政部、人力资源和社会保障部出台了《关于印发〈关于选聘高校毕业生到村任职工作的意见（试行）〉的通知》，计划用 5 年时间选聘 10 万名高校毕业生到农村担任村党支部书记助理、村委会主任助理或团支部书记、副书记等职务。从 2010 年开始，扩大选聘规模，逐步实现“一村一名大学生村官”计划的目标。选聘的高校毕业生在村工作期限一般为 2 年到 3 年。

选聘到村任职的对象是什么？要满足哪些条件？

选聘对象为 30 岁以下应届和往届毕业的全日制普通高校专科以上学历的毕业生，重点是应届毕业和毕业 1 年至 2 年的本科生、研究生，原则上为中共党员（含预备党员），非中共党员的优秀团干部、优秀学生干部也可以选聘。

基本条件是：1. 思想政治素质好，作风踏实，吃苦耐劳，组织纪律观念强。2. 学习成绩良好，具备一定的组织协调能力。3. 自愿到农村基层工作。4. 身体健康。此外，参加人力资源和社会保障部、团中央等部门组织的到农村基层服务的“三支一扶”“志愿服务西部计划”等活动期满的高校毕业生，本人自愿且具备选聘条件的，经组织推荐可作为选聘对象。

选聘工作一般通过个人报名、资格审查、组织考察、体检、公示、决定聘用、培训上岗等程序进行。

什么是“三支一扶”计划？

“三支一扶”是支教、支医、支农、扶贫的简称。

2011 年 4 月，人力资源和社会保障部下发《关于继续做好高校毕业生三支一扶计划实施工作的通知》，决定继续组织开展高校毕业生“三支一扶”计划，从 2011 年起，每年选拔 2 万名，5 年内选拔 10 万名高校毕业生到基层从事“三支一扶”服务。

什么是大学生志愿服务西部计划？

大学生志愿服务西部计划由共青团中央牵头，教育部、财政部、人力资源和社会保障部共同组织实施。从 2003 年开始，每年招募 1.8 万名普通高等学校应届毕业生，到西部贫困县的乡镇从事为期 1 年至 3 年的教育、卫生、农技、扶贫以及青年中心建设和管理等方面的志愿服务工作。

参加中央部门组织实施的基层就业项目，服务期满后享受哪些优惠政策？

根据中组部、人力资源和社会保障部、教育部、财政部、共青团中央《关于统筹实施引导高校毕业生到农村基层服务项目工作的通知》等政策规定，参加“选聘高校毕业生到村任职”“三支一扶”“大学生志愿服务西部计划”“农村义务教育阶段学校教师特设岗位计划”项目，并且服务期满的毕业生，享受以下优惠政策：

1. 公务员招录优惠。每年拿出公务员考录计划的一定比例，专门用于定向招录服务期满且考核称职（合格）的服务基层项目人员。服务基层项目人员也可报考其他职位。

2. 事业单位招聘优惠。鼓励在项目结束后留在当地就业，参加各基层就业项目相对应的自然减员空岗，全部聘用服务期满的高校毕业生。从 2009 年起，到乡镇事业单位服务的高校毕业生服务满 1 年后，在现岗位空缺情况下，经考核合格，即可与所在单位签订不少于 3 年的聘用合同。同时，各省（区、市）县及县以上相关的事业单位公开招聘工作人员，应拿出不低于 40% 的比例，聘用各专门项目服务期满考核合格的高校毕业生。

3. 考学升学优惠。服务期满后 3 年内报考硕士研究生初试总分加 10 分；同等条件下优先录取；高职（高专）学生可免试入读成人本科。

4. 享受国家补偿学费和代偿助学贷款政策。参加各基层就业项目的毕业生，符合规定条件的，可享受相应的学费补偿和助学贷款代偿政策。

5. 服务期满自主创业的，可享受税收优惠、行政事业性收费减免、小额贷款担保和贴息等有关政策。

6. 其他。各基层就业项目服务年限计算工龄。服务期满到企业就业的，按照规定转接社会保险关系。

高校毕业生到艰苦边远地区或国家扶贫开发工作重点县就业有什么优惠政策？

根据《国务院关于进一步做好普通高等学校毕业生就业工作的通知》规定，对到艰苦边远地区或国家扶贫开发工作重点县就业的高校毕业生，在机关工作的，试用期工资可直接按试用期满后工资确定，试用期满后级别工资高定1档至2档；在事业单位工作的，可提前转正定级，转正定级时薪级工资高定1级至2级。

国家鼓励高校毕业生入伍，这里的“高校毕业生”如何界定？

这里的高校毕业生是指中央部门和地方所属全日制公办普通高等学校、民办普通高等学校和独立学院的全日制普通本专科（含高职）、研究生、第二学士学位应届毕业生。不包括往届毕业生及成人高等教育、高等教育自学考试类学生、各类非学历教育的学生。

征集的高校应届毕业生以男性为主，女性应届毕业生征集根据军队需要确定。

高职（专科）毕业班学生完成专业理论课程学习并取得毕业所需学分，仅需再完成毕业实习即能毕业的，可在当年冬季报名应征入伍，享受高校应届毕业生入伍有关优惠政策。

应征入伍高校毕业生的年龄条件是多少？服义务兵役年限是多少？

高职（专科）毕业生当年为18周岁至23周岁，本科以上学历的可以放宽到当年24周岁。

高校应届毕业生入伍服义务兵役年限是2年。

高校毕业生应征入伍服义务兵役要经过哪些程序？

高校毕业生应征入伍服义务兵役要经过的程序有：

1. 参加网上预征报名。4月至7月，有应征意向的高校毕业生登录“大学生网上预征报名系统”报名预征，填写、打印《应届毕业生预征对象登记表》和《应征入伍高校毕业生补偿学费代偿国家助学贷款申请表》（以下分别称《登记表》、《申请表》），交所在学校预征工作管理部门。

2. 参加初审、初检，通过确认。5月至7月，按照兵役机关的统一安排，预征报名高校毕业生参加身体初检、政治初审，通过的毕业生被确定为预征对象。在毕业生离校前，高校协助兵役机关将《登记表》和《申请表》审核盖章发给预征对象，并完成网上信息确认。

3. 到户籍所在地报名应征。10月底全国征兵工作开始后，预征对象携带《登记表》和《申请表》，到入学前户籍所在地县（市、区）征兵办公室报名应征（落实单位户档随迁的，在现户籍所在地应征）。通过体检政审的高校毕业生由县级兵役机关批准入伍。

高校毕业生应征入伍服义务兵役享受哪些优惠政策？

高校毕业生应征入伍服义务兵役，除享有优先报名应征、优先体检政审、优先审批定兵外，还享受优先选拔使用、考学升学优惠、补偿学费或代偿国家助学贷款、就业安置帮扶等优惠政策。

什么是应征入伍服义务兵役学费补偿和助学贷款代偿？

从2009年起，国家对应征入伍服义务兵役的高校应届毕业生在校期间缴纳的学费实行补偿。在校期间获得国家助学贷款的，学费补偿款首先用于偿还助学贷款本金及其全部偿还之前产生的利息。

按照《财政部、教育部、总参谋部关于印发〈应征入伍服义务兵役高等学校毕业生学费补偿和国家助学贷款代偿暂行办法〉的通知》的规定，国家对服义务兵役的高校毕业生每学年补偿学费或代偿国家助学贷款本息的金额，最高为6000元；毕业生在校期间每学年实际缴纳的学费或获得的国家助学贷款本息高于6000元的，按照每年6000元的金额实行补偿或者代偿；高校毕业生在校学习期间每年实际缴纳的学费或获得的国家助学贷款本息低于6000元的，按照学费和国家助学贷款本息两者就高的原则，实行补偿或代偿。

对本科、专科（高职）、研究生和第二学士学位毕业生补偿学费或代偿国家助学贷款本息的年限，不论服役时间长短，分别按照国家规定的相应学制计算，在高校毕业生入伍时，实行一次性补偿或代偿。在校学习时间低于相应学制规定年限的，按照实际学习时间计算。在校学习时间高于相应学制规定年限的，按照学制规定年限计算。专升本、本硕连读、中职高职连读、第二学士学位毕业生补偿学费或代偿国家助学贷款本息的年限，分别按照完成本科、硕士、高职和第二学士学位阶段学习任务的实际时间计算（即按完成最终学历阶段学习任务的实际时间计算）。

高校毕业生应征入伍申请学费补偿或助学贷款代偿的程序是什么？

高校毕业生应征入伍申请学费补偿或助学贷款代偿的程序是：

1. 填写有关表格。预征工作开始后，有应征意向的普通高校应届毕业生登录“大学生预征网上预征报名系统”，填写、打印并向就读高校递交《登记表》《申请表》。在校学习期间获得国家助学贷款的，还需提供与经办银行签订的还款计划书复印件。其中，应注明已申请国家助学贷款代偿。

2. 高校初审盖章。离校前，高校对被确定为预征对象的毕业生补偿学费和代偿国家助学贷款本息的条件资格、具体金额及相关信息资料进行初审，确认无误后，在《申请表》上加盖公章，连同《登记表》一起交给学生本人。

3. 表格递交县征兵办。10 月 31 日前，高校毕业生到入学前户籍所在地报名应征时将《登记表》及《申请表》交县（市、区）人民政府征兵办公室。

4. 县征兵办审批入伍、复核材料并盖章。12 月 31 日前，县（市、区）人民政府征兵办公室批准高校毕业生应征入伍后，向其发放《应征入伍通知书》，并会同同级教育行政部门对应征入伍的高校毕业生申请补偿学费和代偿国家助学贷款本息等情况进行复核。确认无误后，分别在《申请表》上加盖公章。

5. 学生资助中心审核并确定最终名单。次年 1 月 15 日前，县（市、区）教育行政部门将户籍为本县（市、区）的入伍高校毕业生的《应征入伍通知书》复印件及《申请表》原件，寄送至应征入伍毕业生原就读高校学生资助管理机构。各高校按隶属关系，分别报各省（区、市）学生资助管理中心和全国学生资助管理中心审核。最终，汇总至全国学生资助管理中心复核、备案后，确定当年享受补偿学费和代偿国家助学贷款本息政策的最终名单及具体金额。

补偿、代偿的经费如何发放到符合条件的高校毕业生手中？

各中央部门所属高校和地方所属高校在收到补偿学费和代偿国家助学贷款本息资金的 15 个工作日内，向毕业生补偿学费；对于申请助学贷款代偿的毕业生，由学校代替毕业生按照还款协议，向银行偿还其在本校办理的国家助学贷款本息，并将银行开具的偿还国家助学贷款本息的凭据交寄毕业生本人或其家长，将剩余资金汇至高校毕业生指定的地址或账户。

入学前在户籍所在县（市、区）办理了生源地信用助学贷款的应征入伍毕业生，在收到代偿资金后1个月内，根据与银行签订的还款协议，由学生本人或家长（或其他法定监护人）一次性向银行偿还生源地信用助学贷款本息。

高校毕业生因本人思想原因、故意隐瞒病史或违法犯罪等被部队退回的，取消其补偿学费和代偿国家助学贷款的资格。已获补偿或代偿资金由毕业生户籍所在地县（市、区）教育行政部门会同同级征兵办公室收回，并逐级汇总上缴至全国学生资助管理中心。

具有高等教育学历的士兵退役后，享受哪些升学考学优惠政策？

具有高等教育学历的士兵退役后，应享受以下升学考学优惠政策：

1. 参加政法院校为基层公检法定向岗位招生时，同等条件下优先录取，且专列一定比例招收退役毕业生报考者。

2. 退役后3年内参加全国硕士研究生招生统一入学考试，初试总分加10分。

3. 荣立二等功及以上的，退役后免试（指初试）攻读硕士研究生。

4. 具有高职（高专）学历的，退役后免试入读成人本科；或经过一定考核（计划单列、专升本考试、单独录取），按30%比例入读普通本科。

高校毕业生应征入伍服义务兵役，其户口档案存放在哪里？如何迁转？

高校毕业生在4月至7月参加预征，身体初检和政治初审合格，填写《登记表》，将户口迁回入学前户籍所在地，档案可转到入学前户籍所在地公共就业和人才服务机构存放。批准入伍后，其学籍档案放入新兵档案。

入伍高校毕业生退出现役后，可参照普通高等学校应届毕业生，凭用人单位录（聘）用手续，向原就读高校再次申请办理就业报到证（从退出现役当年的12月1日起至次年12月31日止），户档随迁（直辖市按照有关规定执行）。到各地公共就业和人才服务机构求职的，可按规定免费享受公共就业和人才服务。参加户籍所在地省级毕业生就业指导机构、原毕业高校就业招聘会的，享受提供信息、重点推荐、就业指导等就业服务。

国家和地方重大科研项目聘用高校毕业生作为研究助理或辅助人员有哪些规定？

按照科技部、教育部、财政部、人力资源和社会保障部、国家自然科学基金委员会《关于鼓励科研项目单位吸纳和稳定高校毕业生就业的若干意见》的规定，由高校、科研机构和企业所承担的民口科技重大专项、973计划、863计划、科技支撑计划项目以及国家自然科学基金会的重大重点项目等，可以聘用高校毕业生作为研究助理或辅助人员参与研究工作。此外的其他项目，承担研究的单位也可聘用高校毕业生。

吸纳对象主要以优秀的应届毕业生为主，包括高校以及有学位授予权的科研机构培养的博士研究生、硕士研究生和本科生。

科研项目吸纳的高校毕业生不是项目承担单位的正式在编职工，被吸纳高校毕业生需与项目承担单位签订服务协议，明确双方的权利、责任和义务。

科研项目承担单位与被吸纳高校毕业生签订的服务协议应包含下列内容：

1. 项目承担单位的名称和地址。

2. 研究助理的姓名、居民身份证号码和住址。

3. 服务协议期限。

4. 工作内容。

5. 劳务性费用数额及支付方式。

6. 社会保险。

7. 双方协商约定的其他内容。

服务协议不得约定由毕业生承担违约金。

国家和地方重大科研项目聘用高校毕业生服务协议如何约定?

根据《人力资源社会保障部办公厅关于重大科研项目单位吸纳高校毕业生参与研究工作签订服务协议有关问题的通知》等文件规定，服务协议期限最多可签订 3 年，3 年以下的服务协议期限已满而项目执行期未满的，根据工作需要可以协商续签至 3 年。

服务协议履行期间，毕业生可以提出解除服务协议，但应提前 15 天书面通知项目承担单位。

项目承担单位提出解除服务协议的，应当提前 30 日书面通知毕业生本人。研究助理被解除服务协议或协议期满终止后，符合条件的毕业生可按规定享受失业保险待遇。

被吸纳的高校毕业生的各种权益如何保护?

由项目承担单位向高校毕业生支付劳务性费用，具体数额按照国家有关规定、参照相应岗位标准，由双方协商确定。

项目承担单位应当为毕业生办理社会保险，具体包括基本养老保险、基本医疗保险、失业保险、工伤保险、生育保险，并按时足额缴费。参保、缴费、待遇支付等具体办法参照各项社会保险有关规定执行。

毕业生参与项目研究期间，根据当地情况，其户口、档案可存放在项目承担单位所在地或入学前家庭所在地公共就业和人才服务机构。项目承担单位所在地或入学前家庭所在地公共就业和人才服务机构应当免费为其提供户口、档案托管服务。

协议期满，如果项目承担单位无意续聘，则毕业生到其他岗位就业。同时，国家鼓励项目承担单位正式聘用（招用）人员时，优先聘用担任过研究助理的人员。项目承担单位或其他用人单位正式聘用（招用）担任过研究助理的人员，应当分别依据劳动合同法、《国务院办公厅转发人事部关于在事业单位试行人员聘用制度意见的通知》等规定执行。

担任过研究助理的人员被正式聘用（招用）后，按照有关规定，凭用人单位录（聘）用手续、劳动合同和《普通高等学校毕业证书》办理落户手续，工龄与参与项目研究期间的工作时间合并计算，社会保险缴费年限合并计算。

高校毕业生自主创业，可以享受哪些优惠政策？

按照《国务院关于进一步做好普通高等学校毕业生就业工作的通知》《国务院办公厅转发人力资源社会保障部等部门〈关于促进以创业带动就业工作指导意见〉的通知》等文件规定，高校毕业生自主创业优惠政策主要包括：

1. 税收优惠。持《就业失业登记证》（注明“自主创业税收政策”或附着《高校毕业生自主创业证》）的高校毕业生在毕业年度内（指毕业所在自然年，即1月1日至12月31日）从事个体经营的，3年内按每户每年8000元为限额依次扣减其当年实际应缴纳的营业税、城市维护建设税、教育费附加和个人所得税。对高校毕业生创办的小型微利企业，按国家规定享受相关税收支持政策。

2. 小额担保贷款和贴息支持。对符合条件的高校毕业生自主创业的，可在创业地按规定申请小额担保贷款；从事微利项目的，可享受不超过 10 万元贷款额度的财政贴息扶持。对合伙经营和组织起来就业的，可根据实际需要适当提高贷款额度。

3. 免收有关行政事业性收费。毕业 2 年以内的普通高校毕业生从事个体经营（除国家限制的行业外）的，自其在工商部门首次注册登记之日起 3 年内，免收管理类、登记类和证照类等有关行政事业性收费。

4. 享受培训补贴。对高校毕业生在毕业年度内参加创业培训的，根据其获得创业培训合格证书或就业、创业情况，按规定给予培训补贴。

5. 免费创业服务。有创业意愿的高校毕业生，可免费获得公共就业和人才服务机构提供的创业指导服务，包括政策咨询、信息服务、项目开发、风险评估、开业指导、融资服务、跟踪扶持等“一条龙”创业服务。各地在充分发挥各类创业孵化基地作用的基础上，因地制宜建设一批大学生创业孵化基地，并给予相关政策扶持。对基地内大学生创业企业要提供培训和指导服务，落实扶持政策，努力提高创业成功率，延长企业存活期。

6. 各城市应取消高校毕业生落户限制，允许高校毕业生在创业地办理落户手续（直辖市按有关规定执行）。

针对高校毕业生灵活就业有什么政策措施?

根据《国务院关于进一步做好普通高等学校毕业生就业工作的通知》、财政部、人力资源和社会保障部《关于进一步加强就业专项资金管理有关问题的通知》等规定，鼓励支持高校毕业生通过多种形式灵活就业，并给予相关政策扶持。对符合就业困难人员条件的灵活就业高校毕业生，要按规定落实社会保险补贴政策。对申报灵活就业的高校毕业生，各级公共就业和人才服务机构按规定提供人事、劳动保障代理服务，做好社会保险关系接续工作。

对就业困难人员灵活就业后缴纳的社会保险费，给予一定数额的社会保险补贴，补贴数额原则上不超过其实际缴费的三分之二。灵活就业的就业困难人员按规定向当地人力资源和社会保障部门申请社会保险补贴。社会保险补贴申请材料应附：由灵活就业人员签字，人力资源社会保障部门盖章确认，注明具体从事灵活就业的岗位、地址等内容的相关证明材料，灵活就业人员身份证复印件、《就业失业登记证》复印件、社会保险征缴机构出具的社会保险费明细账（单）等凭证材料，经人力资源社会保障部门审核后，财政部门将补贴资金支付给申请者本人。

什么是就业见习？

就业见习，是指由各级人力资源社会保障部门根据离校未就业高校毕业生本人意愿，组织其到经政府认定的就业见习单位进行见习锻炼、积累工作经验、提升就业能力的一项就业促进措施。

未就业高校毕业生如参加就业见习可向当地人力资源社会保障部门及当地团组织咨询，当地人力资源社会保障部门是就业见习的组织实施单位。

人力资源社会保障部门通过媒体、公共就业和人才服务机构以及电视、网络、报纸等多种渠道，发布就业见习信息，公布见习单位名单、岗位数量、期限、人员要求等有关内容，或者组织开展见习单位和高校毕业生的双向选择活动，帮助离校未就业高校毕业生和见习单位对接。离校后未就业回到原籍的高校毕业生可与原籍所在地人力资源和社会保障部门及当地团组织联系，主动申请参加就业见习。

关于就业见习期限有哪些规定?

高校毕业生就业见习期限一般为 3 个月至 12 个月。

高校毕业生就业见习活动结束后，见习单位对高校毕业生进行考核鉴定，出具见习证明，作为用人单位招聘和选用见习高校毕业生的依据之一。在见习期间，由见习单位正式录（聘）用的，在该单位的见习期可以作为工龄计算。

见习期间所在见习单位为毕业生办理人身意外伤害保险。

离校未就业高校毕业生参加就业见习享受哪些政策和服务?

离校未就业高校毕业生参加就业见习应享受以下政策和服务：

1. 获得基本生活补助（基本生活补助费用由见习单位和地方政府分担，各地要根据当地经济发展和物价水平，合理确定和及时调整基本生活补助标准）。

2. 免费办理人事代理。

3. 办理人身意外伤害保险。

4. 见习期满未被录用可继续享受就业指导与服务。

见习单位能享受什么优惠政策?

见习单位支出的见习补贴相关费用，不计入社会保险缴费基数，但符合税收法律法规规定的，可以在计算企业所得税应纳税所得额时扣除。

企业为高校毕业生开展岗前培训享受什么优惠政策？

按照财政部、人力资源和社会保障部《关于进一步加强就业专项资金管理有关问题的通知》等文件规定，企业新录用毕业年度高校毕业生与其签订6个月以上期限劳动合同，在劳动合同签订之日起6个月内由企业依托所属培训机构或政府认定的培训机构开展岗前就业技能培训的，根据培训后继续履行劳动合同情况，按照当地确定的职业培训补贴标准的一定比例，对企业给予定额职业培训补贴。

企业开展岗前培训前，需将培训计划大纲、培训人员花名册及身份证复印件、劳动合同复印件等材料报当地人力资源和社会保障部门备案，培训后根据劳动者继续履行劳动合同情况，向人力资源和社会保障部门申请职业培训补贴。申请材料经人力资源和社会保障部门审核后，财政部门按规定将补贴资金直接拨入企业在银行开立的基本账户。企业申请职业培训补贴应附：培训人员花名册、培训人员身份证复印件、《就业失业登记证》复印件、劳动合同复印件、职业培训合格证书等凭证材料。

高校毕业生能否享受职业培训补贴政策？如何申请职业培训补贴？

高校毕业生毕业年度内参加就业技能培训或创业培训，可按规定向当地人力资源和社会保障部门申请职业培训补贴。毕业后按规定进行了失业登记的高校毕业生参加就业技能培训或创业培训，也可向当地人力资源和社会保障部门申请职业培训补贴。

按照财政部、人力资源和社会保障部《关于进一步加强就业专项资金管理有关问题的通知》等文件规定，申请材料经人力资源和社会保障部门审核后，财政部门按规定将补贴资金直接拨付给申请者本人。职业培训补贴申请材料应附培训人员身份证复印件、《就业失业登记证》复印件、职业资格证书（专项职业能力证书或培训合格证书）复印件、就业或创业证明材料、职业培训机构开具的行政事业性收费票据（或税务发票）等凭证材料。

高校毕业生能否享受职业技能鉴定补贴政策，如何申请技能鉴定补贴？

按照财政部、人力资源和社会保障部《关于进一步加强就业专项资金管理有关问题的通知》等文件规定，对高校毕业生在毕业年度内通过初次职业技能鉴定并取得职业资格证书或专项职业能力证书的，按规定给予一次性职业技能鉴定补贴。

通过初次职业技能鉴定并取得职业资格证书或专项职业能力证书的，可向职业技能鉴定所在地人力资源和社会保障部门申请一次性职业技能鉴定补贴。职业技能鉴定补贴申请材料应附申请人身份证复印件、《就业失业登记证》复印件、职业资格证书复印件、职业技能鉴定机构开具的行政事业性收费票据（或税务发票）等凭证材料。经人力资源和社会保障部门审核后，财政部门按规定将补贴资金支付给申请者本人。

如何加强高校毕业生就业援助？

各地区、各高校要将零就业家庭、优抚对象家庭、农村贫困户、城乡低保家庭以及残疾等就业困难的高校毕业生列为重点对象实施重点帮扶。享受城乡居民最低生活保障家庭的毕业年度内高校毕业生的求职补贴要在离校前全部发放到位，求职补贴标准较低的要适当调高标准。各地可结合本地实际将残疾高校毕业生纳入享受求职补贴对象范围。党政机关、事业单位、国有企业要带头招录残疾高校毕业生。离校未就业高校毕业生实现灵活就业的，在公共就业人才服务机构办理实名登记并按规定缴纳社会保险费的，给予一定数额的社会保险补贴，补贴数额原则上不超过其实际缴费的三分之二，最长不超过 2 年，所需资金从就业专项资金中列支。

高校毕业生如何办理就业登记和失业登记？离校后未就业如何获得相应的就业指导和服务？

各级公共就业和人才服务机构要按照就业促进法的规定，为已就业高校毕业生免费办理就业登记，并按规定提供人事、劳动保障代理服务。对未就业的高校毕业生可按规定办理失业登记，并纳入户籍所在地失业人员统一管理，落实相关就业扶持政策。各级人力资源和社会保障部门、教育部门和各高校将进一步完善以实名制为基础的高校毕业生就业统计制度，做好高校毕业生毕业前后的信息衔接和服务接续。

回到原户籍所在地报到的未就业高校毕业生，能够免费享受当地人力资源和社会保障部门提供的公共就业和人才服务。

离校未就业高校毕业生登记失业后，可以享受哪些服务和政策？

登记失业高校毕业生可免费获得政策咨询、职业指导、职业介绍和人事档案托管等服务政策。有意愿参加就业见习的，可按规定提供基本生活补助并办理一次性人身意外伤害保险；参加职业培训和技能鉴定的，可以按规定申请培训补贴和鉴定补贴；有创业意愿的，可以享受有关税收优惠、小额担保贷款及贴息、行政事业性收费减免、创业服务等扶持政策。

各级公共就业和人才服务机构已将就业困难的高校毕业生纳入当地就业援助体系，建立专门台账，实施“一对一”职业指导和重点帮扶，并向用人单位重点推荐，或通过公益性岗位安置就业。符合就业困难条件的高校毕业生可按规定得到就业援助，并落实社会保险补贴或公益性岗位补贴等政策。